Krista Warnke, Berthild Lievenbrück

# MOMENTE GELINGENDER BEZIEHUNG

Krista Warnke, Berthild Lievenbrück

# MOMENTE GELINGENDER BEZIEHUNG

## Was die Welt zusammenhält

*eine Spurensuche mit*
*Jesper Juul, Gerald Hüther,*
*Gesine Schwan u. a.*

Dieses Buch ist auch als E-Book erhältlich:
ISBN 978-3-407-22282-4

www.beltz.de

© 2015 Beltz Verlag, Weinheim und Basel
Umschlaggestaltung: www.stefanielevers.de (Gestaltung),
Stephan Engelke (Beratung)
Umschlagabbildung: © kbuntu/Fotolia (Vorderseite),
© Vidady/Fotolia (Rückseite)
Layout und Satz: Lelia Rehm
Druck und Bindung: Beltz Bad Langensalza GmbH, Bad Langensalza
Printed in Germany

ISBN 978-3-407-85761-3
1 2 3 4 5   19 18 17 16 15

# INHALT

# VORWORT

## ES IST ZEIT FÜR MOMENTE GELINGENDER BEZIEHUNG!

In diesem Buch erfahren Sie, weshalb wir »Momente gelingender Beziehung« schätzen sollten. Sei es im persönlichen, politischen, wirtschaftlichen, pädagogischen oder sonstigen Kontext: Momente gelingender Beziehung gehen uns alle an. Sie sind ein grundlegend menschliches Phänomen, verbessern unsere Lebensqualität und tun uns gut. Aktuelle neurobiologische Forschungsergebnisse bestätigen deren besonderen Stellenwert für die individuelle und gesellschaftliche Entwicklung. In den letzten Jahrzehnten wurden gelingende Beziehung und Kooperation sogar als wichtiges evolutionäres Prinzip erkannt.

Das Potenzial und die Tragweite von Momenten gelingender Beziehung sind in unserer Gesellschaft jedoch zu wenig bekannt. Um sich ihrer Bedeutung bewusst zu werden, muss man sie benennen und über sie sprechen. Es lohnt sich, den Fokus der Aufmerksamkeit auf sie zu lenken. Manchmal tauchen sie nur für einen Augenblick auf und führen dennoch zu einer positiven Veränderung zwischenmenschlicher Atmosphäre. Momente gelingender Beziehung wirken im Kleinen wie im Großen, vom Alltagsgeschehen bis zur Weltpolitik.

*Was erwartet Sie beim Lesen dieses Buches?*

Im ersten Kapitel erhalten Sie unter anderem Antworten auf folgende Fragen: Worauf beruht die Qualität einer Beziehung? Welchen Einfluss haben Gefühle auf unser Denken und Handeln? Erleben wir derzeit eine Krise der Beziehungskultur? Wie wichtig sind Momente gelingender Beziehung?

Im zweiten Kapitel gehen wir auf Spurensuche nach der Bedeutung von Momenten gelingender Beziehung in unterschiedlichen Lebens- und Tätigkeitsfeldern. Sie finden hier Gespräche mit dem Familientherapeuten und Konfliktforscher Jesper Juul, dem Neurobiologen Gerald Hüther, der Politikwissenschaftlerin Gesine Schwan, dem Mathematiker und Systemwissenschaftler Wolf Dieter Grossmann sowie der Entwicklungspolitologin Claudia von Braunmühl.

Das dritte Kapitel befasst sich mit dem Thema des gemeinsamen Musizierens als »Modellbereichs« für Momente gelingender Beziehung. In Gesprächen mit Gino Romero Ramirez, dem »Geigenzauberer von St. Pauli«, und Magdalena Abrams, der Begründerin von »Musiker ohne Grenzen«, gehen wir der Bedeutung gemeinsamen Musizierens für die Entstehung von Momenten gelingender Beziehung nach. Im Bericht über Daniel Barenboims »West-Eastern Divan Orchestra« werfen wir einen Blick auf den Bereich professionellen Musizierens mit Jugendlichen, die aus verschiedenen Kulturen des Nahen Ostens kommen und etwas Ungewöhnliches erleben: die Annäherung.

Im letzten Teil des Buches stellen wir Ihnen eine breite Palette an »Voraussetzungen« für Momente gelingender Beziehung vor, wie sie in unseren Gesprächen angeklungen sind. So unterschiedlich Beziehungen vom individuellen bis zum gesellschaftlichen Bereich sein können, so sehr gleichen sich die Bedingungen, die Momente gelingender Beziehung ermöglichen. Aus unserer Sicht gehören sie zum selben Repertoire an Haltungen und Einstellungen.

*Momente gelingender Beziehung – Was die Welt zusammenhält* bringt die Kraft dieser Momente in ihrer Vielfalt zur Sprache, macht ihre

Komplexität transparent und zeigt ihre Notwendigkeit für unsere persönlichen, gesellschaftlichen sowie politischen Entwicklungen auf. Das Buch will zu Diskussionen anregen, zum Nachmachen einladen und Veränderungen anstoßen.

*Krista Warnke und Berthild Lievenbrück,*
*Hamburg im Dezember 2014*

# EINS

# MOMENTE GELINGENDER BEZIEHUNG

*Ihre umfassende Bedeutung und
warum sie uns guttun*

*Momente gelingender Beziehung sind uns eigentlich vertraut.
Wir erleben sie im Alltag, nehmen sie als solche aber häufig
nicht wahr. Erleben wir sie, schenken wir ihnen oft zu wenig
Bedeutung. Wir erliegen der »Illusion der Vertrautheit«.*

Was wäre ... wenn Sie morgens eine Runde im Stadtpark laufen und tief in die Planung Ihres Tages versunken sind. Da grüßt Sie im Vorbeieilen ein Fremder mit »Guten Morgen«! Sie drehen sich um, sehen in ein freundliches Gesicht und grüßen erfreut zurück.

Was wäre ... wenn Sie am Abend noch schnell ein Brot kaufen möchten, bevor der Laden schließt. Ihre Lieblingssorte ist bereits ausverkauft, deshalb zögern Sie unentschlossen. Von der Verkäuferin kommt daraufhin ein mürrisches »Welches Brot wollen Sie denn nun?«. Statt unwirsch zu werden, reagieren Sie offen und zugewandt: »Ich weiß es einfach noch nicht. Was können Sie mir denn empfehlen?« Daraufhin die Verkäuferin entgegenkommend: »Nehmen Sie das hier, das schmeckt Ihnen bestimmt.«

Beide Beispiele beschreiben eine Begegnung mit positiver Wirkung auf die Beteiligten. Zwar ist sie flüchtig und kurz, tut aber ausgesprochen gut. Es liegt in Ihrer Hand, so etwas häufiger zu erleben. Sie können Einfluss darauf nehmen, Begegnungen zu einem Moment gelingender Beziehung werden zu lassen.[1]

Um spontan gelingende Beziehungsgestaltung in kleinen und größeren Zusammenhängen geht es in diesem Buch. Was ermöglicht sie? Warum tut sie uns gut? Was bewirkt sie? Auf diese und weitere Fragen werden Sie hier Antworten finden. Momente, in denen die Beziehungsaufnahme gelingt, sind Grundlage jeder guten Beziehungskultur. Wir bezeichnen diese Momente deshalb als »Momente gelingender Beziehung« und gehen auf die Spurensuche nach diesem zwischenmenschlichen Phänomen.

## WAS SIND MOMENTE GELINGENDER BEZIEHUNG?

Die große Bandbreite und potenzielle Bedeutsamkeit von Momenten gelingender Beziehung zeigen ein einfaches Beispiel aus dem Alltag und ein folgenschweres aus der Weltpolitik:

*Hamburg an einem trüben Herbsttag. Wieder einmal Regenwetter, wieder einmal hektischer Straßenverkehr, immer wieder hinderlich parkende Autos. Wahrlich kein Anlass für gute Laune. Da stoppt ein entgegenkommendes Fahrzeug, blinkt kurz auf und signalisiert: Komm, fahr vorbei! Überraschung, erfreutes Bedanken und beiderseitiges Lächeln. Der Tag ist nicht mehr so grau.*

Das folgenschwere Beispiel aus der Weltpolitik hat sich 1978 in Camp David zugetragen: *Die ersten zwölf Tage des Gipfeltreffens zwischen Jimmy Carter, Anwar el-Sadat und Menachem Begin verliefen ergebnislos und in eisiger Atmosphäre. Begin und el-Sadat sollen während der ersten zehn Tage nicht einmal miteinander gesprochen ha-*

ben. Trotzdem wurden von den drei Staatsmännern schließlich einige gemeinsame Fotoaufnahmen gemacht, die sie sich gegenseitig signierten. Carter versah die Fotos für Begin mit persönlichen Bemerkungen, in denen er auch Begins Enkelkinder erwähnte. Laut Carters Erinnerungen schaute sich Begin jedes Foto einzeln an und sprach dabei die Namen seiner Enkelkinder laut aus: »Seine Lippen zitterten, die Tränen stiegen ihm in die Augen. Er erzählte mir von jedem Kind. (...) Wir waren emotional sehr gerührt, während wir einige Augenblicke so ruhig über Enkelkinder und über Krieg sprachen.« Nach diesem Vorfall veränderte sich Begins Haltung von Grund auf. (...) Jedenfalls führte Carters persönliche Anteilnahme, Einfühlung und Widmung zu einer plötzlichen emotionalen Umstimmung, die in der Folge nicht nur das Abkommen von Camp David und den Friedensvertrag zwischen Ägypten und Israel ermöglichte, sondern auch den Weg zu weiteren hoffnungsvollen Entwicklungen wie dem – später dann allerdings tragisch gescheiterten – »Osloer Friedensprozess« eröffnete.[2]

Eine kleines Alltagserlebnis und eine Begebenheit aus der Weltpolitik. Was verbindet sie? Bei beiden geht es um einen Moment gelingender Beziehung, wenn auch von völlig unterschiedlicher Intensität und Tragweite.

Momente gelingender Beziehung haben eine besondere Qualität. Sie vermitteln das Gefühl, persönlich wahrgenommen, »gesehen« zu werden. Es sind Momente der Begegnung, in denen die Gefühle der Anerkennung, der Wertschätzung, der Empathie und damit positive Gefühle überwiegen. Sie öffnen das Interesse am Gegenüber und machen Lust auf mehr. Momente gelingender Beziehung setzen Energien frei, schaffen angstfreien Raum und fördern Dialogbereitschaft. Das Wort »Moment« bedeutet dabei einerseits »kurze Zeitspanne«, zum anderen steckt darin aber auch die Bedeutung des Moments als Kraftquelle im physikalischen Sinne. Eine Kraftquelle, die Impulse für weiterführende Prozesse birgt.

## KÖNNEN WIR BEZIEHUNGSLOS LEBEN?

Das Phänomen Beziehung ist umfassend: Wir sind ständig in ein Netz von Beziehungen eingebunden. Wir können nicht nicht-bezogen sein. Unser Beziehungsnetz spannt sich eng über das tägliche Leben und den Berufsalltag: Hausgemeinschaft, Nachbarschaft, Straßenverkehr, Einkauf, Schule, Arbeitsplatz, Freizeit ... Wir befinden uns permanent in privaten und öffentlichen Beziehungsmustern. Das ist so selbstverständlich, dass wir es kaum wahrnehmen. Bewusst wird uns dieses Netz erst in den Momenten, in denen wir überraschend störende oder erfreuliche Erfahrungen mit anderen machen. Da das Netz von Beziehungen umfassend ist, heißt Leben In-Beziehung-Sein.[3]

Zum Phänomen Beziehung ist in den letzten Jahren eine Flut an Ratgebern und Lebenshilfen erschienen, die sich vor allem mit den Schwerpunkten Paarbeziehung, Familie, Freundschaft, Kundenbeziehung bis hin zu Firmencoaching auseinandersetzen und deren »erfolgreiche« Gestaltung zum Thema haben. Das vorliegende Buch über »Momente gelingender Beziehung« reiht sich *nicht* in diese Ratgeber ein. Es versteht sich vielmehr als Auseinandersetzung mit einem Phänomen, das bisher weder so benannt noch beschrieben wurde, obwohl es Kern gelingender Beziehungsgestaltung ist.

Momente gelingender Beziehung sind uns eigentlich vertraut. Wir erleben sie im Alltag, nehmen sie als solche aber häufig nicht wahr. Erleben wir sie, schenken wir ihnen oft zu wenig Bedeutung. Wir erliegen der »Illusion der Vertrautheit«, weil wir meinen, das Phänomen zu kennen. Es geht uns hier ebenso wie mit anderen Erfahrungen: Erscheint uns etwas bekannt, verwechseln wir Kennen mit Verstehen. Bei eingehender Beschäftigung mit Momenten gelingender Beziehung zeigt sich jedoch schnell und erstaunlich klar, welch unerwartete Tragkraft und Tragweite nicht nur für jeden persönlich, sondern auch für ein soziales und gesellschaftliches Miteinander in ihnen stecken. Wenn wir ihnen Aufmerksamkeit schenken und ihnen Bedeutung zumessen, führen diese Momente zu spürbaren Veränderungen unserer Beziehungskultur.

## WIE VIEL VITAMIN B BRAUCHEN WIR?

Beziehungen zu haben gilt als vorteilhaft. Bekannte Redewendungen wie »Beziehungen spielen lassen« oder »Alles geht über Vitamin B« belegen, dass »Menschen mit Beziehungen« als einflussreich, mächtig und anziehend gelten. Für einen guten Job scheinen Beziehungen von entscheidender Bedeutung zu sein. Auswertungen des Instituts für Arbeitsmarkt- und Berufsforschung zeigen, dass viele Stellenangebote in Deutschland über persönliche Beziehungen vermittelt werden. Ungefähr 25 Prozent der Neueinstellungen laufen über solche Kontakte. *Persönliche Beziehungen gehören nicht nur zu den wichtigsten Mechanismen der Personalsuche, sie sind auch die erfolgversprechendsten.*[4] Auch eine Studie des Wissenschaftszentrums für Sozialforschung in Berlin kommt zu dem Ergebnis, dass persönliche Kontakte die besten Starthelfer sind. Bis zu 40 Prozent der Stellenbesetzungen kommen dadurch zustande, dass man einen kennt, der einen kennt, der einen kennt ...

Zweifellos gilt als sozial anerkannt und einflussreich, wer über viele Beziehungen verfügt. Aber wie weit reichen diese Beziehungen wirklich? Wo kann man sie »spielen lassen«? Das Sprichwort »Der Sieger hat viele Freunde, der Verlierer gute« stellt sich quer auf dem »beziehungsreichen Erfolgsweg«. Nehmen wir diese Erfahrung wörtlich, dann geht es darum, gute, aber auch *belastbare* Beziehungen zu haben. Nicht die vielen Beziehungen zählen, sondern solche, die tragen – insbesondere, wenn sich Lebensbedingungen ungünstig verändern. Der Wert von Beziehungen zeigt sich besonders rasch und unverhüllt in Krisen. In schwierigen, unvorhergesehenen Lebenssituationen erweist sich als tragfähig, was belastbar ist. Dann ergeben sich Situationen, in denen »die Vielen« aussortiert und die Verlässlichen geschätzt werden. Gute, belastbare und verlässliche Beziehungen werden immer von Momenten gelingender Beziehung ausgelöst und getragen.

Ob verlässlich, zahlreich, attraktiv oder tragfähig – eines ist privaten und sozialen Beziehungen gemeinsam: Sie sind nicht stetig. Sie verändern sich mit der Zeit. Beziehungen haben etwas Schwebendes, Schwankendes, bedürfen der Bestärkung und Vergewisserung. Sie müssen gepflegt werden, man muss sich um sie kümmern. Solcherlei Pflege, die nichts mit geschäftlicher »Beziehungspflege« zu tun hat, geschieht vor allem durch gegenseitige Wahrnehmung, gemeinsame Interessen und Aktivitäten sowie genügend Zeit für Begegnung. Dann entfalten Beziehungen ihren hohen ideellen, sozialen und mitunter auch ökonomischen Wert für Individuen und soziale Gruppierungen, angefangen im Familien-, Freundes- und Arbeitskontext bis hin zu größeren regionalen sowie internationalen gesellschaftlichen Gruppen und Zusammenschlüssen.

Alle menschlichen Gemeinschaften jedweder Größe sind geprägt durch die Qualität der Beziehungen ihrer Mitglieder untereinander. Die jeweilige Beziehungskultur ist ausschlaggebender Maßstab zwischenmenschlichen und gesellschaftlichen Umgehens miteinander. Beziehungskultur ist ein wichtiger Gradmesser für die Qualität und das Miteinanderauskommen menschlicher Gemeinschaften.

## WORAUF BERUHT DIE QUALITÄT EINER BEZIEHUNG?

Der Begriff »Beziehung« wird im Allgemeinen wenig differenziert benutzt. Allein dem »In-Beziehung-Stehen« wird oftmals eine positive Bedeutung beigemessen, obwohl es über seine Qualität nichts aussagt. Beziehungen sind nämlich von sehr unterschiedlicher Qualität, Bedeutsamkeit und Dauer. Sogenannte »gute« Beziehungen sind nicht beständig positiv, sie sind jedoch von Momenten des Gelingens geprägt. »Schlechte« Beziehungen müssen nicht durchgehend negativ gefärbt sein, auch sie sind veränderlich. Beziehungen sind grundsätzlich durch ein Auf und Ab bestimmt. Sie werden von wechselnden Erwartungen, Einstellungen, vor allem aber von Gefühlen gelenkt.

Wenn wir uns mit Fragen der Beziehungskultur befassen, kommen wir also nicht umhin, uns über die Bedeutung *von Gefühlen* klar zu werden. Sie sind maßgebliche Gestaltungsfaktoren für die Qualität von Beziehungen, denn unsere Einstellung zum Gegenüber ist immer durch irgendeine Gefühlsstimmung beeinflusst. Wir können gar nicht nicht gestimmt sein. Wichtig ist, sich dessen bewusst zu sein und sich die Gefühle, Voreinstellungen und Voreingenommenheiten, die eine Beziehung steuern, zu vergegenwärtigen. Tun wir das nicht, wundern wir uns manchmal über die Reaktion unseres Gegenübers und das unerwünschte Resultat unseres Handelns.

In unserer mitteleuropäischen Tradition wurden Gefühle über Jahrhunderte eher als Störfaktoren angesehen. Gefühle galten als hinderlich für klares Denken. Hat sich das entscheidend geändert? »Sieh das doch mal rational!«, »Lass die Gefühle aus dem Spiel«, »Schalte deinen Verstand ein!«. Auch heute noch ist die Auffassung weit verbreitet, man könne Fühlen und Denken trennen.

## WAS MACHT MEIN FÜHLEN, WENN ICH DENKE, WAS MEIN DENKEN, WENN ICH FÜHLE?

Die Emotions- und Kognitionsforschung der letzten Jahrzehnte hat klare Erkenntnisse darüber erbracht, dass Denken und Fühlen eng miteinander verflochten sind. Beide, Kognition und Emotion, beeinflussen sich wechselseitig. Der Evolutionsbiologe Manfred Wimmer bringt diese Zusammenhänge wie folgt auf den Punkt: Fühlen ohne Denken ist blind, Denken ohne Fühlen ist leer.[5] Diese Erkenntnisse der Forschung sind in vielen Bereichen unseres Lebens und Handelns noch immer nicht angekommen und werden – wenn überhaupt – nur oberflächlich wahrgenommen. Für die Auseinandersetzung mit dem Thema Beziehung sind sie allerdings grundlegend und maßgeblich.

Eine der grundlegenden Thesen, mit denen wir uns auseinandersetzen, lautet: Fühlen und Denken sind unmittelbar und untrennbar miteinander verbunden. *Es gibt kein Fühlen ohne Denken, kein Denken ohne Fühlen*, so der Schweizer Psychotherapeut und Erkenntnistheoretiker Luc Ciompi.[6] Und auch durch die Neuroforschung erhalten wir umfangreiche Bestätigung für die Feststellung, dass sich funktionell untrennbar ineinander verflochtene Denk- und Fühlzentren ständig beeinflussen.[7]

Das scheint erst einmal ganz plausibel und klingt auch nicht spektakulär. Gehen wir diesen Erkenntnissen aber tiefer nach und bemühen wir sie als Erklärungsmodell für menschliches Verhalten, ergeben sich daraus weitreichende, aufschlussreiche Folgerungen für unser Verständnis von Lebens- und Sachzusammenhängen. Ob Alltag, Politik, Wirtschaft oder Wissenschaft: Es gibt keinen Bereich, über den sich sagen ließe, hier ist Denken frei von Gefühlen. Auch wirtschaftliche und politische Entscheidungen sind Tummelplätze der Gefühle.[8] Diese Feststellung mag vielleicht vielen zu weit gehen. Und dennoch: Es gibt keine Entscheidung frei von Gefühlen.[9]

Wie lassen sich Fühlen und Denken beschreiben? Für den Bereich »Fühlen« sind Worte wie spüren, empfinden, gestimmt oder emotional sein gebräuchlich. Für Gefühlsinhalte steht eine Vielzahl stimmungsaussagender Wörter, wie etwa sich ärgern, sich freuen, sich langweilen, traurig oder wütend sein.[10] Es sind Begriffe, die einen seelisch-körperlichen Zustand beschreiben, da sich Gefühle über unseren Körper äußern. Wie sehr Gefühle den Körper »im Griff« haben, zeigen Beispiele aus unserem allgemeinen Sprachgebrauch: unter die Haut gehen, das Herz brechen, kalt den Rücken hinunterlaufen, vor Wut rasen und viele mehr.

Die Emotionsforschung geht von evolutionär verankerten Basisgefühlen aus. Dazu werden Freude, Wut, Angst, Trauer sowie Interesse/Neugier und Ekel gezählt. Diese Grundgefühle mischen sich zu Gefühlsnuancen unterschiedlicher Zusammensetzung, Färbung und Intensität. »Reine« Gefühle gibt es nicht.

Welche Gefühlsnuancen stecken zum Beispiel in dem Gefühl, das wir als Machtgefühl bezeichnen? Es lassen sich darin Anteile von Lust und Hochgefühl (Basisgefühl: Freude), Arroganz und Grobheit (Basisgefühl: Wut) sowie Abscheu und Verachtung (Basisgefühl: Ekel) finden. Alle diese Gefühlsnuancen existieren parallel. Im Wort »Hassliebe« wird dies besonders deutlich. In ihm stehen zwei Gefühle nebeneinander, die sich nach unserem bisherigen Verständnis ausschließen. In jedem Gefühl sind jedoch auch Anteile anderer Gefühle enthalten.[11] Das erklärt das plötzliche Kippen von Stimmungen, das uns allen vertraut ist. Bereits kleine Auslöser können Stimmungen verändern. Dies können sowohl innere als auch äußere Veränderungen sein, wie beispielsweise aufblitzende Assoziationen und Erinnerungen oder plötzliche Situationsveränderungen und schreckhafte Überraschungen. Meist ist uns gar nicht bewusst, in welcher Stimmung wir uns befinden. Aber eines ist sicher: In irgendeiner Weise gestimmt sind wir immer und zu jeder Zeit.

Der Begriff »Denken« wiederum beschreibt Vorgänge wie: sich vorstellen, sich erinnern, unterscheiden, bewusst wahrnehmen, etwas in einen Zusammenhang bringen oder zuordnen. Mit ihm werden die kognitiven Tätigkeiten des Schlussfolgerns und Strukturierens bezeichnet. Der »intellektuelle« Vorgang des Denkens hilft uns, Beobachtungen zu zusammenhängenden Gedanken, Assoziationen zu Geschichten, Unterscheidungen zu geistigen Konstrukten zu ordnen. So wie wir immer in irgendeiner Weise gestimmt sind, können wir auch aus dem »Karussell des Denkens« nicht einfach aussteigen. Der Reigen des Unterscheidens, des Beobachtens, der verstreuten Gedankensplitter sowie Assoziationen dreht sich beständig.

Seit Jahrhunderten sind wir darin geübt, Denken und Fühlen klar zu trennen. Der Neurologe Antonio Damasio nennt diese Trennung »Descartes' Irrtum«.[12] Es handelt sich dabei um den Irrtum, Denken und Fühlen als zwei voneinander unabhängige Leistungen zu betrachten. Denken und Fühlen sind jedoch untrennbar miteinander verknüpft, wie zwei Seiten einer Medaille. Es gibt kein Denken ohne emotionale Dynamik, kein Fühlen ohne Strukturen.[13]

## WELCHEN EINFLUSS HABEN GEFÜHLE AUF UNSER DENKEN UND HANDELN?

Eine weitere Kernaussage des bereits zitierten Luc Ciompi soll noch kurz gestreift werden. Auch sie ist für die Auseinandersetzung mit dem Thema Beziehung von wesentlicher Bedeutung. Ciompi weist nachdrücklich darauf hin, dass Gefühle *alles Denken und Verhalten nicht nur andauernd [begleiten], sondern zu einem guten Teil auch richtiggehend leiten*.[14] Gefühle begleiten unser Denken nicht nur ständig, sie beeinflussen auch die Art und Weise, wie und was wir denken. Wie stark die Wirkung der Gefühle auf das Denken sein kann, wird deutlich, wenn man sich klarmacht, dass Gefühle sogenannte *Schalt- und Filterwirkungen* auf das Denken haben. Von diesen Schalt- und Filterwirkungen hängt ab, *wie man die Umgebung wahrnimmt, was man darin bevorzugt beachtet oder vernachlässigt, welche Ereignisse man aufgrund dieser selektiven Wahrnehmung im Gedächtnis behält oder abruft und wie man einzelne Wahrnehmungs- und Gedächtniselemente schließlich zu einem übergeordneten Gedankengebäude (...) zusammenbaut.*[15] Wir alle kennen diese Zusammenhänge und haben sie oft genug selbst erlebt. Sind wir unzufrieden oder gar frustriert, nehmen wir an unserem Gegenüber andere Eigenarten und Verhaltensweisen wahr, als in positiver oder gar heiterer Stimmung. Lenken uns Freundlichkeit und Wertschätzung, haben wir eine andere Wahrnehmung des jeweiligen Gegenübers, als in der Stimmung von Geringschätzung oder Wut.

Das mag selbstverständlich und einleuchtend klingen. Darum zu wissen reicht jedoch nicht aus. Wir müssen dieses Wissen in unserem Fühlen verankern. Das ist kein leichtes Unterfangen, denn es geht nicht nur um unsere gegenwärtigen Gefühle, die unser Denken und Handeln beeinflussen. Auch längst vergangene, »alte« Gefühle lenken unser Denken und Verhalten maßgeblich. »Alte Gefühle«, deren wir uns meist nicht bewusst sind. Wenn wir wüssten, was uns steuert, wären wir manches Mal wohl sehr erstaunt.

Meist erkennen wir die Wirkungen der Gefühle auf das Denken und Handeln nicht, da die Schalt- und Filterwirkungen der Affekte weitgehend unbewusst ablaufen. Gefühle werden als bewusst wahrgenommene Stimmungen erst dann spürbar, wenn sie uns quasi überfluten, wenn sie einen deutlichen Unterschied zur vorhergehenden Stimmungslage machen – und vor allem dann, wenn wir unsere Gefühlslage reflektieren.

Alle anfänglich intensiven emotionalen Eindrücke verflachen mit der Zeit *zu mehr oder weniger automatisierten Denk-Fühl-Weisen und Wertehaltungen*[16] und sinken somit ins Unterbewusste ab. Sie werden zu *affektlogischen*, »fühldenkenden« Gewohnheiten, die uns steuern. Diese automatisierten Fühl-Denk-Verhaltensmuster prägen zum Beispiel so Selbstverständliches wie unser Verhalten im Umgang mit Freunden oder Fremden, unsere Überzeugungen, was richtig oder falsch ist.[17] Sie lenken unser Verhalten im Privaten, in der Schule, in der Wirtschaft, in der Politik, ganz allgemein im sozialen und gesellschaftlichen Miteinander.

Unser Alltagsverhalten und Alltagshandeln werden durch diese automatisierten »fühldenkenden Gewohnheiten« in einer Art Alltagsmodus gesteuert. In ihm herrschen scheinbar Denken, Planen und Entscheiden vor. Nichts davon geschieht jedoch frei von Gefühlen. Nur weil wir uns keiner ausgeprägten Gefühlslage bewusst sind, heißt es noch lange nicht, dass wir frei von Emotionen sind. Luc Ciompi bezeichnet diesen Zustand des selbstverständlichen, gewohnheitsmäßigen Denkens und Handelns mit »Alltagslogik«. *Alltagslogik, das heißt die Denkweise, die mit einer mittleren Stimmung der Entspanntheit mit relativ schwachen und mobilen Affekten einhergeht und (...) mit charakteristischen kognitiven Inhalten verbunden ist.* [18]

Da Fühlen und Denken in ständiger Wechselwirkung stehen, beeinflussen veränderte Denkhaltungen auch unsere Gefühle. Es ist jedoch nicht leicht, veränderte Denkhaltungen nachhaltig im Gefühl zu verankern. Unsere eingeschliffenen Fühl-Denk-Muster und Wertehaltungen bilden fest etablierte Gewohnheiten, vergleichbar den tiefen Rillen einer eingefahrenen, alten römischen Pflasterstraße. Die Fühl-Denk-Gewohnheiten nehmen bevorzugt bekannte Wege und Richtungen. Man könnte sie »Via-Appia-Spuren« nennen. Will man aus diesen Spuren ausscheren, bedarf es einer bewussten Entscheidung. Es reicht dabei kein einmaliges Ausschwenken, sondern es braucht Wiederholung und nachhaltige Übung, und zwar so lange, bis das »Denk-Fühlen« zum »Fühl-Denken« wird. Dies ist kein leichtes Unterfangen, denn die Funktionsweise unseres Gehirns unterstützt die Priorisierung unserer Gefühle. Im Wahrnehmungsprozess werden die jeweiligen Umgebungsbedingungen zunächst einmal schnell und wenig spezifisch nach emotionalen Kriterien gescannt und nach Lust/Unlust, Freund/Feind, angenehm/unangenehm etc. bewertet. Auf einer weiteren Verarbeitungsebene wird dann mit längerer Verarbeitungsdauer eine differenziertere begriffliche Zuordnung getroffen. Vereinfacht gesagt wirkt die Dynamik der Gefühle schnell und pauschal, die Strukturierung des Denkens langsam und differenzierend.[19] *Offene und verdeckte Emotionen sind entscheidende Motoren und Organisatoren unseres Denkens und Verhaltens.*[20]

Wer wissen will, welche Gefühle sein Denken und Handeln steuern, muss reflektierend innehalten und sich seine Gefühlslage bewusst machen.

## IST DER KÖRPER BÜHNE UNSERER GEFÜHLE?

Die eben geschilderten Erkenntnisse zeigen, dass unsere Wahrnehmung und Aufmerksamkeit, unser gesamtes Verhalten und Handeln primär gefühlsgesteuert sind. Das hat tief greifende und weitreichende Folgen für die Gestaltung von Beziehungen.

Gefühle sind lebenswichtige Energien. Energien, die als körperliche Erscheinungen äußerlich sichtbar werden. Sie sind *in Gehirn wie Körper präzise messbare Energiequanten.* Luc Ciompi spricht deshalb vom Körper als *Organ der Gefühle.*[21] Antonio Damasio nennt ihn sogar *die eigentliche Bühne der Gefühle.*[22] Ob freundlich, indifferent, misstrauisch, interessiert, geringschätzend: Schon eine kleine Veränderung im Blick, in der Gestik, im Sprachklang oder in der Körperhaltung drückt die reiche Palette unterschiedlicher Gefühlstönungen aus. Um die Gefühlslage eines anderen Menschen einschätzen zu können, ist deshalb der Blick auf dessen Körperhaltung und Körpersprache hilfreich.

Dazu eine kleine Begebenheit: Als Reisende im Himalaja-Staat Bhutan war ich (K.W.) an einem Abend in der Dämmerung in der Hauptstadt Thimphu in der übervollen Hauptstraße unterwegs, als ich sechs Jugendliche sah, die mit Fäusten und Füßen auf einen Jungen losgingen. Spontan ging ich in meinem Zorn auf diese jungen Männer los und schrie sie in lautem Österreichisch an, was für total bescheuerte Kerle sie doch seien, zu sechst auf einen Jungen loszugehen. Ich muss körpersprachlich so überzeugend gewesen sein, dass die sechs sofort von dem Jungen abließen und in den Seitenstraßen verschwanden. Sie haben mich wohl »verstanden«, ohne mich sprachlich zu verstehen.

Die Körpersprache ist die wichtigste Grundlage zwischenmenschlicher Verständigung ohne Worte. Das Wissen um diese nonverbale Kommunikation wird in Führungspositionen und im Managementbereich häufig trainiert und gezielt eingesetzt. Nicht immer mit dem erwarteten Erfolg. Unser Körper ist nämlich verräterisch. Echt, unverstellt »ich selbst« zu sein, kann ich nicht einfach simulieren. Authentisch bin ich nur dann, wenn ich fühle, was ich denke – wenn ich fühle, was ich sage – wenn ich fühle, was ich tue.

Wir sind mit feinen »Sensoren« ausgestattet und können Widersprüche in der Körpersprache schnell erahnen. Spiegelneuronen werden jene Nervenzellen genannt, die uns diese Fähigkeit verleihen.[23] Sie lösen im Gehirn des Betrachtenden ein spiegelbildliches Erregungsmuster aus, so, als ob man selbst handeln würde. *Faszinierende Resonanzphänomene* nennt Manfred Wimmer diese Eigenschaft des Gehirns, die deutlich macht, *in welch gravierendem Ausmaß jede soziale Situation in unser Emotionsgefüge eingreift und damit auch unsere Physiologie beeinflusst.*[24]

## WIE BEDEUTSAM IST DAS UNMITTELBARE IN-BEZIEHUNG-GEHEN?

Wir sind heute gewohnt, über die elektronischen Medien weltweit virtuelle Beziehungen aufzunehmen. Abermillionen Menschen sind über Facebook vernetzt, nennen sich Freunde, tauschen private, oftmals sogar intime Informationen übereinander aus, ohne sich außerhalb des Medienraumes je persönlich begegnet zu sein. Damit sind unüberschaubare neue technologische Möglichkeiten für die Beziehungsaufnahme vorhanden. Eine Frage, die sich unmittelbar aufdrängt, lautet daher: Haben diese elektronischen Möglichkeiten Einfluss auf die Beziehungsqualität?[25]

Fällt in der Beziehung zwischen Menschen die unmittelbare Begegnung weg, fehlt eine wichtige Voraussetzung zur Einschätzung der Gefühlslage der Beziehungsbeteiligten. Es ist kaum möglich, aus den »körperlosen« Mitteilungen Schlüsse auf Authentizität im eben genannten Sinne zu ziehen. Um die Qualität einer Beziehung einschätzen zu können, scheint die persönliche, direkte Begegnung erforderlich zu sein. Das könnte auch die mangelnde Attraktivität von Videokonferenzen und Videobotschaften erklären.

Anfang 2013 wurde ein Bericht aus dem betrieblichen Alltag veröffentlicht, der die Wirkung unmittelbarer Begegnung veranschaulicht: Der Krankenstand ihrer Arbeitnehmer bereitet vielen Firmen und den Krankenkassen große Probleme und hohe Kosten. In einer eingehenden Untersuchung wurde Folgendes festgestellt: Zwischen zwei in die Erhebung einbezogenen Abteilungen des gleichen Unternehmens mit vergleichbaren Arbeitsfeldern unterschied sich der Krankenstand erheblich. In der einen Abteilung zwölf Prozent, in der anderen nur zwei Prozent. Die Analyse der möglichen Ursachen für diesen überraschenden »Tatbestand« ergab zunächst keine gravierend erscheinenden Unterschiede im Umgang mit den Mitarbeitern. In beiden Abteilungen kümmerten sich umsichtige und motivierte Abteilungsleiter um die Atmosphäre in ihren Bereichen. Eher nebenbei kam dann in der weiteren Diskussion doch unterschiedliches Verhalten zur Sprache. In der einen Abteilung versendet der Abteilungsleiter zur Begrüßung seiner Mitarbeiter und Mitarbeiterinnen jeden Morgen eine Rundmail. In der anderen Abteilung werden sie jeden Morgen persönlich begrüßt.[26]

Kann es wirklich an dieser persönlichen, wertschätzenden Geste liegen, dass sich Mitarbeiter stärker wahrgenommen fühlen und sich deshalb eher mit ihrer Abteilung und den dort zu leistenden Aufgaben identifizieren? Hat diese Geste der unmittelbaren persönlichen Begegnung eine Wirkung, die tatsächlich zu einem spürbaren, sogar messbaren »Mehrwert« für alle Beteiligten und den entsprechenden Einfluss auf den Krankenstand führt? Es wäre zu einfach, könnte man diese Fragen mit Ja oder Nein beantworten. Das unmittelbare In-Beziehung-Gehen scheint jedoch keine unbedeutende Wirkung zu haben. Eine kurze persönliche Nachfrage, eine wertschätzende Ermunterung, der Ausdruck der Anteilnahme, das bewusste In-den-Blick-Nehmen des anderen können zu einem Moment gelingender Beziehung führen. Und ein solcher Moment hat immer Einfluss auf unser Handeln und unser Wohlbefinden.

## ERLEBEN WIR DERZEIT EINE KRISE DER BEZIEHUNGSKULTUR?

Unablässiges Wirtschaftswachstum und scheinbar grenzenloser Konsum in unserer westlichen Gesellschaft lassen uns leicht vergessen oder helfen uns zu verdrängen, dass wir mit allem, was wir nutzen und verbrauchen, in irgendeiner Beziehung stehen. Das können sehr nahe, aber auch globale, und damit sehr ferne Beziehungen sein. Wer von uns weiß denn, welche menschlichen Leistungen und natürlichen Ressourcen unsere Kleidung entstehen lassen? Wer kennt die Produktionsketten unserer Nahrungsmittel? Wem sind die Wertschöpfungsketten der Dinge bekannt, die unseren Alltag begleiten? Auch das sind Fragen nach Beziehungen. Drängende Fragen, die in unserer Gesellschaft eine immer existenziellere Bedeutung bekommen. Wenn wir uns – wie es dringend erforderlich ist – von einer ressourcenverbrauchenden, expansiven zu einer reduktiven, nachhaltigen Gesellschaft entwickeln wollen,[27] ist es angebracht, sich mit diesen Zusammenhängen auch unter dem Aspekt der Bezogenheit auseinanderzusetzen.

Gesellschaften leben in ständiger Entwicklung. Viele Veränderungen und deren Tragweite werden uns im aktuellen Miterleben selten wirklich bewusst. Erst mit genügend Abstand machen wir uns klar, dass wir derzeit gesellschaftliche Veränderungen durchleben, die in unseren Lebens- und Tätigkeitsbereichen tiefe Spuren hinterlassen. Sie markieren Wendepunkte und Richtungswechsel. Der Begriff »Krise«[28] ist in seinen vielen Varianten zu unserem ständigen Begleiter geworden: Finanzkrise, Wirtschaftskrise, Kulturkrise, Gesundheitskrise, Umweltkrise, Energiekrise, Bildungskrise ...
Krisen sind das Ergebnis von Fehlentwicklungen und Stadien der Zuspitzung. Tiefe Krisen bilden Ausgangspunkte für nötige Kurskorrekturen, mahnen Änderungen an und rufen nach grundlegendem Wandel in unserem Denken, Fühlen und Handeln. *Wir müssen komplett umdenken. Wir haben eine völlig falsche Idee vom Leben entwickelt*, fordert etwa die Philosophin Nathalie Knapp in ihrem Buch *Der Quantensprung des Denkens*.[29] Wie ernst die Lage bereits ist, zeigt auch eine jüngst erfolgte Äußerung des Club of Rome: *Wir sind bereits im Stadium des Kollaps angekommen. Irgendwann werden es auch die Letzten begriffen haben.*[30]

In vielen Sachbüchern, Fachartikeln und immer stärker auch in der Tagespresse häufen sich Hinweise darauf, dass unser auf Effizienz,

Wettbewerb und Wertsteigerung fokussiertes Denken nicht ausreicht, um uns als menschliche Gattung überlebensfähig zu halten. Denn dieses Denken und Handeln verursachen nicht nur Krisen, sondern verschärfen sie. *Keine Gelegenheit wurde ausgelassen, die frohe Botschaft der Wachstumsideologie zu verkünden,* so der Soziologe Harald Welzer.[31] Sie hat aber zur Folge, dass *die Kultur des ALLES IMMER die Zukunft derjenigen [verbraucht], die das Pech hatten, später geboren zu werden als Sie.*[32] Vom Moralphilosophen Michael J. Sandel wird in seinem Buch *Was man für Geld nicht kaufen kann* derselbe Prozess als ein Übergang von der Marktwirtschaft in eine Marktgesellschaft beschrieben. Er stellt die Fragen: *Wünschen wir uns eine Gesellschaft, in der alles käuflich ist? Oder gibt es gewisse moralische und staatsbürgerliche Werte, die von den Märkten nicht gewürdigt werden – und die man für Geld nicht kaufen kann?*[33]

Uns stehen durch wissenschaftlich-technische Entwicklungen Veränderungen bevor, die unsere Gesellschaft weiter tief greifend beeinflussen werden. Manche dieser Entwicklungen erscheinen noch wie Visionen aus Science-Fiction-Romanen, dabei haben sie die ersten Erprobungsphasen längst erfolgversprechend durchlaufen. Denken wir etwa an selbstständig fahrende Autos oder an die unabsehbaren Einsatzmöglichkeiten computergesteuerter 3D-Drucker, die in den nächsten Jahrzehnten die Bereiche des Straßenverkehrs, der Bauwirtschaft, der Ernährung und der Medizin weltweit maßgeblich verändern werden. Ganz abgesehen von den unüberschaubaren Möglichkeiten und Konsequenzen medientechnologischer Entwicklungen wie beispielsweise *Google Glass.*

Wissenschaftlich generiertes technisches Wissen und dessen Umsetzungsmöglichkeiten haben sich in den letzten 150 Jahren exponentiell entwickelt. Sind wir auf diese Veränderungen vorbereitet? Hat sich unser ethisches Handeln ausreichend mitentwickelt, um diesen Herausforderungen gewachsen zu sein? Wie sieht es mit unserer Entwicklung im persönlichen, sozialen und gesellschaftlichen Miteinander aus?

Der später selbst zu Wort kommende Mathematiker und Systemwissenschaftler Wolf Dieter Grossmann hält in diesem Zusammenhang die Auseinandersetzung mit Momenten gelingender Beziehung für ganz entscheidend: *Ein positiver Wandel in unserer Beziehungskultur ist wirklich ein zentrales Thema für unsere Welt. Denn nur mit unserer Beziehungsfähigkeit, die wir entwickeln müssen, können wir in diesem Jahrhundert überleben. Das ist grundlegend. (...) Ein Denken in Beziehungen hingegen sieht sich selbst in seiner Umgebung und nimmt diese Umgebung präzise und sozusagen liebevoll wahr, mit ihren Eigenheiten, Erfordernissen, Stärken und Schwächen.*[34]

Wir leben in einer Zeit, in der mehr als eine Milliarde Menschen über soziale Netzwerke verbunden sind. Deren User nennen sich untereinander »Freunde«. Wir leben in einer Zeit, die durch rasanten Wissens- und Informationszuwachs zunehmend unüberschaubarer wird. Wir bemühen zur Übersicht Portale und Suchmaschinen. Wir leben in einer Zeit, in der knapper werdende Ressourcen eine gerechtere Verteilung erfordern. Wir suchen nach Maßstäben für soziale Gerechtigkeit. An allen diesen Veränderungsprozessen sind immer und überall unmittelbar Menschen beteiligt, als Ideengeber, Entscheider, Ausführende, Zerstörende, Kontrollierende, Konsumierende. Und immer sind es Menschen in ihren Beziehungen zu anderen Menschen. Das macht eine intensive Auseinandersetzung mit unserer Beziehungskultur dringlich. Wenn wir unsere Zukunft mitgestalten wollen, ist unser persönlicher Beitrag zu einer guten Beziehungskultur von grundlegender Bedeutung.

Was wir derzeit erleben, gilt vielen als Strukturkrise. Wir sehen es anders: Was tatsächlich in einer tiefen Krise steckt, ist unsere Beziehungskultur.

*Was wir brauchen ist eine Beziehungskultur, in der die Menschen einander einladen, ermutigen und inspirieren, die ihnen angelegten Potenziale zu entfalten. So ein Kulturwandel ist ein schwieriger Prozess. (...) In unserer gegenwärtigen Gesellschaft werden wahrscheinlich bis zu 90 Prozent unserer Ausgaben nutzlos verschwendet für die Reparatur von Beziehungsstörungen und die durch ungünstige Beziehungserfahrungen entstehenden Reibungsverluste. Menschen, die nicht das finden, was sie sich eigentlich wünschen, bleiben Bedürftige, die viel brauchen und verbrauchen.* So der ebenfalls in diesem Buch zu Wort kommende Neurobiologe Gerald Hüther.[35]

## WIE WICHTIG SIND MOMENTE GELINGENDER BEZIEHUNG?

*Ginge es nur um die Ausbeutung anderer, hätte sich die Evolution nie mit der Empathie abgegeben,* schlussfolgert der Primatenforscher und Verhaltensbiologe Frans de Waal.[36] Die Erforschung der Funktionen unseres Gehirns hat mit der Entdeckung der Spiegelneuronen[37] eine wichtige Grundlage für das Verständnis sozialer Resonanz und Empathie gefunden. In den Spiegelneuronen liegt die neuronale Basis für Nachahmung und Mitfühlen. Wir sind von klein auf fähig, das Verhalten unseres Gegenübers in seinen Bewegungen, Gesten und damit auch in seinen Gefühlen im Gehirn zu spiegeln.[38] Schon das Beobachten einer Handlung kann genügen, sich in gewissem Maß in den anderen hineinzuversetzen. Wir haben zwar alle diese neurobiologische Grundausstattung von Geburt an mitbekommen,[39] deren Entfaltung und Entwicklung werden jedoch erst in persönlichen und sozialen Beziehungen ermöglicht.[40] Momente gelingender Beziehung leisten in diesem Zusammenhang einen besonderen Beitrag, denn sie fördern und unterstützen diesen Prozess. Darüber hinaus schaffen sie Wohlgefühl und machen Lust auf mehr. Und das kommt nicht von ungefähr, denn diese »Lust auf mehr« hat menschheitsgeschichtlich tiefe Wurzeln, wie die aktuelle Evolutionsforschung belegt.[41] *Wir sind – aus neurobiologischer Sicht – auf soziale Resonanz und Kooperation angelegte Wesen.*[42]

Deswegen sind Momente gelingender Beziehung keine unwesentlichen Randerscheinungen einer Begegnung, sondern Voraussetzung für soziale Verbundenheit. Sie erleichtern die Kommunikation und bilden die Grundlage für verantwortungsvolles, kritikfähiges Umgehen miteinander. Momente gelingender Beziehung – so kurz sie auch sein mögen – sind wichtige Bausteine einer positiven Beziehungsgestaltung. Sie sind die Basis einer guten Beziehungskultur.

Wir haben mit vielen Menschen über dieses Thema gesprochen und wurden immer wieder bestätigt: Momente gelingender Beziehung sind nicht nur individuelle »Highlights«. Sie sind das Abc gelingender Beziehungskultur. Man muss über sie sprechen, sie benennen, dann geraten sie in den Fokus unserer Aufmerksamkeit und wir werden uns ihrer Tragweite und Bedeutung bewusst.

Seit 2011 gehen wir dezidiert auf die Spurensuche nach diesen Momenten. Wir haben namhafte Persönlichkeiten verschiedener Tätigkeitsfelder zu diesem Thema interviewt. Die Vielfalt der Berufsperspektiven unserer Gesprächspartnerinnen und Gesprächspartner war uns wichtig, da unterschiedliche Blickwinkel unterschiedliche Denk-, Fühl- und Handlungskonzepte repräsentieren. Zudem wollten wir Abweichungen und Gemeinsamkeiten in der Beurteilung von Momenten gelingender Beziehung in Erfahrung bringen.

Mit JESPER JUUL konnten wir einen Familientherapeuten und Konfliktforscher befragen, der durch seine internationale Erfahrung tiefen Einblick in die Entwicklungsbedingungen und Entwicklungsvoraussetzungen von Kindern und Jugendlichen hat. *Alles, was wir lernen können, geht über Beziehung.* Insbesondere sein

Begriff der »Gleichwürdigkeit« ist auch für den Bereich der Politik wichtig: *Die Mächtigen müssen überzeugt werden, dass Gleichwürdigkeit nicht heißt, ihnen die Macht wegzunehmen. Gleichwürdigkeit ist viel eher eine Art und Weise, wie ich meine Macht in einer ethisch anständigen Weise verwenden kann.*

Das Gespräch mit GERALD HÜTHER ergänzt aus neurobiologischer Sicht die Bedeutung der Auseinandersetzung mit Momenten gelingender Beziehung. Für ihn muss der Impuls, der einen Moment gelingender Beziehung anstößt, *an etwas anknüpfen im Gehirn, was im Zusammenhang mit der Herausbildung des »authentischen Selbst« entstanden ist. Er muss ein altes Netzwerk in Schwingung bringen, das damals herausgebildet worden ist und nie verschwindet. (...) Zu jedem Zeitpunkt des Lebens kann man an noch vorhandene, obwohl nicht bewusste, positive Vergleichsreferenzen anknüpfen.*

Mit GESINE SCHWAN konnten wir aus dem Blickwinkel der Politikerin und lehrenden Politikwissenschaftlerin die Tragweite von Momenten gelingender Beziehung ausloten und ihre ganz persönliche Version erfahren. *Wichtig ist der Moment gelingender Beziehung und nicht gleich die umfassende Beziehung. Aber hat man nicht den Wunsch, dass es mehr als nur ein Moment ist? Man möchte doch, dass das Gelingen dauert.*

WOLF DIETER GROSSMANN sprach mit uns über die Finanzkrise und die gegenwärtigen Herausforderungen in einer immer komplexer werdenden Informations- und Wissensgesellschaft. Er bestätigte aus mathematischer und systemwissenschaftlicher Sicht den Stellenwert von Momenten gelingender Beziehung für die Entwicklung von Systemen. *Systeme, die sich sehr positiv entwickeln, zeichnen sich durch zwei Eigenschaften aus. Ihre Lebewesen oder Elemente entwickeln sich eigenständig (...) sie fördern sich aber auch wechselseitig. Wenn es dem einen besser geht, aus eigener Anstrengung oder durch Förderung, kann sich auch der andere besser entwickeln und wiederum fördern. Also ein positiver Kreislauf.*

Einen Blick in die entwicklungspolitische Brisanz des Themas ermöglichte uns CLAUDIA VON BRAUNMÜHL mit ihrer langjährigen Erfahrung als entwicklungspolitische Gutachterin in unterschiedlichen Ländern dieser Welt. *Momente gelingender Beziehung sind etwas sehr Kostbares. Sie setzen Bedingungen der Möglichkeiten voraus, damit sie überhaupt entstehen können. Und es ist wert, dass man darüber nachdenkt, wie sie zum treibenden Element werden können.*

Im nun folgenden zweiten Kapitel »Auf der Spurensuche nach Momenten gelingender Beziehung« geben wir unsere Gespräche mit Jesper Juul, Gerald Hüther, Gesine Schwan, Wolf Dieter Grossmann und Claudia von Braunmühl wieder.

Darüber hinaus gibt es einen Bereich gemeinsamen Handelns, in dem Momente gelingender Beziehung besonders zum Tragen kommen: den des Musizierens. In einem weiteren Kapitel gehen wir deshalb der Frage nach, wie und weshalb solche Momente gerade beim Musikmachen gestaltet, erlebt und für das eigene und gemeinsame Verhalten fruchtbar gemacht werden können. Wir haben Gespräche mit einer Musikerin und einem Musiker über deren erfolgreiche Musikprojekte geführt und dokumentieren diese im dritten Kapitel »Musik und Momente gelingender Beziehung«.

Im vierten Kapitel »Wie uns Momente gelingender Beziehung gelingen« zeigen wir Bausteine und Voraussetzungen auf, die eine gute Beziehungskultur schaffen.

Begeben Sie sich im Folgenden mit uns zunächst auf die Spurensuche nach »Momenten gelingender Beziehung«.

# ZWEI

# AUF SPURENSUCHE

*Gespräche mit Jesper Juul, Gerald Hüther,
Gesine Schwan, Wolf Dieter Grossmann und
Claudia von Braunmühl*

## »HIER BIN ICH – WER BIST DU?«
### JESPER JUUL

*Das Schlüsselwort heißt Beziehung. Ihre Qualität entscheidet über
unser Wohlbefinden und unsere Entwicklung als Mensch.*[43]

Jesper Juul ist einer der bedeutendsten und innovativsten Familientherapeuten Europas, Konfliktberater und Gründer von »familylab – die Familienwerkstatt«. Durch zahlreiche Seminare, Vorträge, Medienauftritte und erfolgreiche Elternbücher wurde er international bekannt. Jesper Juul, 1948 in Dänemark geboren, ist Autor von mehr als zwei Dutzend Büchern, die in viele Sprachen übersetzt wurden. In Deutschland sind mehr als 30 Buchtitel und DVDs von ihm erschienen.

*In Ihrem Buch »Von Erziehung zu Beziehung« haben Sie den Begriff der
»beziehungsfreudigen Zukunft« geprägt. Er hat uns sofort angesprochen. Gehen wir in eine beziehungsfreudige Zukunft?*

Im Moment bin ich da eher ein bisschen pessimistisch, denn niemand nimmt das Thema Familie und Beziehung so richtig ernst. In Österreich habe ich viele Lehrgänge gegeben, bei denen ich von vornherein gesagt habe: »Ich will nur Teilnehmer, die mit Familien arbeiten.« Sie waren begeistert. Dann habe ich aber entdeckt, dass sie nur mit Müttern und Kindern arbeiten. Das ist ihr Familienbegriff. Zudem glauben sie, mit den Kindern gehe es nur über Erziehung. Es geht ihnen also nicht um Beziehung innerhalb der ganzen Familie, es geht immer wieder nur um Erziehung. Das ist ein wenig hoffnungslos, denn alles, was wir lernen können, geht doch über Beziehung. Die systemischen Familientherapeuten und die Theoretiker wissen das ganz genau. Es geht nur so.

Wir hoffen natürlich, dass wir uns alle mehr und mehr für dieses Thema öffnen. Es scheint so zu sein, aber genau weiß ich es nicht. Ich war letzte Woche in der Schweiz und habe zum ersten Mal in einer Business School für Führungskräfte über Beziehung geredet. Die haben sehr genau und sehr interessiert zugehört und fragten ganz erstaunt: »Warum hat uns das niemand, wirklich niemand bisher gesagt?«

*Worüber waren die Teilnehmenden denn so erstaunt?*

Dass Beziehung so wichtig ist. Einer zum Beispiel kam aus der Hochfinanz und hat gesagt: »Bei uns geht alles über Geld und Profit. Ich kann mir nicht vorstellen, dass Beziehung auch da funktionieren kann.«

Wir haben dann darüber diskutiert und ich habe gesagt: »Hör mal, das ist interessant. Genau wie in Schulen, genau wie bei Kinderpsychiatern. Alle stellen sich vor, wenn man Beziehung ernst nimmt, nimmt das viel Zeit von der Hauptsache weg. Ob das Unterricht ist oder was auch immer. Sie können jetzt in der Mittagspause versuchen, sich das Gegenteil vorzustellen, nämlich dass Sie Ihre Produktivität steigern werden.« Darüber hat er nachgedacht.

*Konnte er es annehmen?*

Ja, er war ein intelligenter Mann und sehr flexibel. Er war ja auch gekommen, weil ihn das Thema interessiert hat. Es ist schon komisch. Einerseits taucht das Thema »Beziehung« erst jetzt überall auf, und auf der anderen Seite tun alle, als wüssten sie schon längst darum.

*Stimmt, denn eigentlich ist es nicht neu, dass gutes In-Beziehung-gehen und »Momente gelingender Beziehung« so wichtig für uns sind. Und in unseren vielen Gesprächen über »Momente gelingender Beziehung« wurde auch immer wieder klar: Das gilt für alle Lebens- und Tätigkeits-bereiche.*

*Trotzdem ist es vielen Menschen nicht bewusst. Wenn man jedoch mit jemandem darüber spricht und gemeinsam darüber nachdenkt und nachfühlt, stellt sich dann doch so etwas wie ein Aha-Effekt ein. Nur: Welchen Impuls brauchen Menschen, um darüber nachzudenken? Ein Gespräch mit Ihnen?*

Das weiß ich nicht. Aber es kann schon sein. Es ist ein wenig wie bei dem Sprichwort: Man geht über den Fluss, um Wasser zu holen.

*Lassen sich Momente gelingender Beziehung eigentlich lernen? Es heißt ja immer, dass Männer sich mit Beziehungen besonders schwertun – wie ist es denn, das frage ich Sie als Familientherapeuten, mit den Vätern? Lernen sie mehr über »Beziehungen«, wenn sie wie heute mehr als früher mit ihren Kindern zusammen sind? Und wenn, was lernen sie?*

Was wir jetzt in Schweden erleben, ist sehr interessant. Jetzt kommen Väter in Toppositionen in ihre Firmen zurück, die vier, fünf, sechs Monate mit ihren Kindern verbracht haben. Und wenn sie dann zurückkommen, dann passiert es.

*Was passiert?*

Zum Beispiel Folgendes: Normalerweise dauern die Beiratssitzungen von 13 bis 16.30 Uhr und es ist Tradition, dass man danach noch essen und trinken geht und ein paar Stunden redet. Normalerweise kommen die Herren also gegen Mitternacht nach Hause. Jetzt passiert es aber, dass Vorsitzende, also absolute Topmanager sagen: »Ich gehe um vier Uhr nach Hause, denn mein Sohn ist krank. Meine Frau war bis vier bei ihm, um vier Uhr übernehme ich.« Das sagt so ein Vorsitzender mit großer Selbstverständlichkeit. Es gibt keine Diskussion und er hat auch kein schlechtes Gewissen. So ist es und nicht anders. Dass er das macht, hat einen Rieseneinfluss. Einer von jenen Vätern hat mir auch gesagt: »In den sechs Monaten als Vater hab ich mehr über Menschen und mich gelernt als in sechzehn Jahren Seminaren.«

Es geht doch darum, sich selbst kennenzulernen, eine gewisse Empathie entwickeln zu können, um Menschen in ihrem Dasein ernst zu nehmen und nicht die Position oder Rolle, die sie spielen. Das ist neu. Bisher hört man immer noch – auch in der Schule wird das besonders deutlich –, dass man sich nicht um Beziehung und Empathie kümmern kann. Das nehme Zeit weg vom Wesentlichen, zum Beispiel der Mathematik. Eine viel zu einfache Art von Denken. Aber man kann Menschen dafür nicht kritisieren. So denken viele.

*Wenn wir Beziehung und Empathie ernst nehmen, was bedeutet das?*

Wichtig ist, zu wissen, dass Menschen in unterschiedlichen Beziehungen unterschiedlich sind. Wenn zwei Erzieher da sitzen und zwei Eltern und sie unterhalten sich über Jakob, dann müssen sie wissen, dass sie über vier verschiedene Jakobs reden. Sonst geht es schief. Die Fachleute kämpfen leider oft über die Definitionsmacht und sagen: »So ist er.« Das wird dann so entschieden. Oder: »Er braucht dies oder jenes.« Es zeugt von einem kompletten Mangel an Verantwortung und ist auch einfach unprofessionell, wenn man glaubt, man könnte einen Menschen allein aus seiner Beziehung zu einem anderen Menschen heraus definieren.

*Das heißt, wenn man erfolgreich über Jakob sprechen will, um eine Lö-sung zu finden, dann müssten sich alle vier erst einmal darin einig sein, dass sie vier verschiedene Meinungen haben?*

Ja. Aber nicht Meinungen. Es geht nicht um Meinungen. Es geht um Wahrnehmungen von diesem Kind.

*Wie kann ich denn diesen vier Menschen, die da sitzen, bewusst machen, dass sie vier möglicherweise ganz unterschiedliche Wahrnehmungen von Jakob haben?*

Das ist einfach. Man stellt es fest. Zum Beispiel sagt der Leiter der Einrichtung am Anfang: »Jetzt wollen wir vier über den Jakob reden. Dazu muss ich aber einschränkend sagen: Wir sollten nicht vergessen, dass wir über vier verschiedene Jakobs reden. Jakobs Mutter hat ihre Wahrnehmung, sein Vater hat seine, ich habe die dritte und dann gibt es noch die vierte.«

*Es muss also jemanden geben, der das am Anfang zur Sprache bringt, damit es klar ist.*

Ja. Es muss auch klar sein, dass es nicht schön ist, wenn man sich über die unterschiedlichen Wahrnehmungen streitet.

*Als Lehrerin empfinde ich es als wichtigen Hinweis, am Anfang klar-zumachen: Wir sind zehn verschiedene Lehrer, die zehn verschiedene Wahrnehmungen haben. Allerdings habe ich erfahren, dass es sehr schwierig ist, dies zu akzeptieren. Wahrnehmungen haben viel mit Macht zu tun.*

Klar, alle wollen recht haben.

*Was können wir gegen diese Hierarchie tun, wenn wir über Kinder re-den?*

Der große Fehler ist überall, auch mit erwachsenen Schülern, dass die selbst nie eine Stimme haben. Alle wollen die Schüler definieren. Niemand will hören, wie sie sich selber definieren. Das geht vom Kindergarten über die Schule und immer so weiter.

*Bedarf es dazu der Augenhöhe? Dessen, was Sie mit Ihrem Begriff »Gleichwürdigkeit« benennen?*
Genau. Das ist eine der vier Voraussetzungen, die für gelingende Beziehungen wichtig sind.

*Kann man das auch im Bereich der Politik so sehen?*
In der Politik geht es um etwas anderes. Da muss ich gewinnen. Ich muss der Sieger sein. So geschieht es oft auch in anderen Hierarchien. Es kommt ganz stark auf die Führungsperson an. Führt sie über das alte Paradigma »Teile und herrsche«, kann sie damit alle manipulieren. Dann sorgt man unter den Angestellten für einen Machtkampf untereinander und kann selbst in aller Ruhe sitzen und abwarten. Das ist eine alte Strategie, aus der man als Mitarbeiter nur schwer herauskommt. So was sollte man nicht machen.

*Wir müssen also versuchen, die Mächtigen zu überzeugen, dass Gleichwürdigkeit wichtig ist.*
Ja. Die Mächtigen müssen überzeugt werden, dass Gleichwürdigkeit nicht heißt, ihnen die Macht wegzunehmen. Gleichwürdigkeit ist viel eher eine Art und Weise, wie ich meine Macht in einer ethisch anständigen Weise verwenden kann. In der Führungsposition habe ich nämlich die Macht über die Beziehungsqualität. Ob ich das will oder nicht. Ob ich das anerkenne oder nicht. Ob ich das sehe oder nicht. Ich habe sie.

Das Wissen um Gleichwürdigkeit hilft, diese ethische Dimension wahrzunehmen und auch ernst zu nehmen.

*Gerald Hüther hat in unserem Gespräch gesagt: Diejenigen, die die Macht haben, müssen einladen, ermutigen und inspirieren. Sie müssten diejenigen sein, die sich darum bemühen, auf Augenhöhe zu kommen. Dazu müssten »die Mächtigen« aber erst einmal infiziert werden vom Gedanken, dass Gleichwürdigkeit und Momente gelingender Beziehung wichtig sind.*

Ich bin ganz sicher, dass das auch durch die Beziehung zu unseren Kindern kommen wird.

*Liegt Ihre Hoffnung dann auch in neuen Beziehungsmustern, die durch Väter angeregt werden?*

Von der Tendenz her sehe ich es so, dass noch immer wenige, aktive, verantwortliche Väter mit Kindern so zwischen null und drei zurück zu ihren Freunden, zum Ausbildungsplatz, zum Fußballklub und so weiter kommen und sagen: »Ich habe immer gewusst, Kinder brauchen dies und jenes. Das habe ich jetzt so gemacht.« 99 % kommen zurück und sagen: »Du lieber Gott, ist das schwierig. Ich habe ja nie gewusst, dass das so anstrengend und herausfordernd ist.«

Aber diejenigen, die das machen, lernen ja so immens viel, was es in der Ausbildung zum Ökonomen, Ingenieur oder Politologen usw. einfach nicht gibt. Man kann doch jahrelang studieren und nichts über Menschen lernen. Und wenn man ein bisschen über sie lernt, dann ist es mehr diese Art manipulatives Management. Über Geld, über Macht, über Verkauf und Ähnliches. Darüber lernt man etwas zu wissen.

In Führungspositionen muss man aber über *Menschen* etwas wissen. Das wissen leider die wenigsten und man kann ihnen dafür nicht einmal Vorwürfe machen. Niemand hat ihnen gesagt, dass sie dieses Wissen brauchen werden. Auch keinem zukünftigen Rechtsanwalt oder Arzt.

*Ich habe zum Beispiel gerade mit einer angehenden Ärztin gesprochen und sie gefragt: »Habt ihr einen Kurs, in dem ihr lernt, mit Menschen* umzugehen?« *Sie guckt mich an und sagt:* »Nein. Das ist in der Ausbildung nicht vorgesehen.« *Und das ist es ja in fast keinem Studiengang.*

Nein, ganz und gar nicht. Und wenn etwas angeboten wird, so heißt das »soziale Kommunikation«.

*Aber beinhaltet soziale Kommunikation nicht auch die Auseinandersetzung mit unserer Beziehungskultur?*

Nein, überhaupt nicht.

*Sie sagen in Ihrem Buch »Miteinander«, dass die sogenannten Soft Skills, die sich in gelingender Beziehungskultur verbergen, eine harte Währung sind. Eine Währung, die uns weiterbringen, die uns über die unmittelbare Beziehungsqualität hinaus auch wirtschaftliche Vorteile bringen kann.*

Es gibt in Deutschland im Moment ein gutes Beispiel dafür, und zwar den Unterschied zwischen zwei Drogerieketten. Ich habe mich damit ein wenig auseinandergesetzt, weil ich im Winter in Wien mit einem der Firmengründer auf einer Wirtschaftsakademie über Führung diskutieren soll.

Erst einmal kann man kleine Unterschiede zwischen diesen Ketten sehen. Zum Beispiel ist die Stimmung in den Läden unterschiedlich. Dann haben die Frauen bei der einen Kette bessere Stühle. Einen großen Unterschied macht aber das Umgehen mit den Mitarbeitern. Wenn das Kind einer Mitarbeiterin krank ist, ist es ein Riesenunterschied, ob man sagt: »Was, Ihr Sohn ist schon wieder krank! Dreieinhalb Stunden wollen Sie wegbleiben? Das ist aber zu teuer.« Oder wenn man sagt: »Hör mal, wir haben 140.000 Angestellte und die arbeiten insgesamt 3 Millionen Stunden – nehmen Sie sich eine halben Tag für Ihren Sohn frei. Niemand geht darüber pleite.«

Viele Leute sagen, dass der eine Firmengründer das nur macht, um seinen Profit zu maximieren. Aber man kann eben auch von guter Beziehung profitieren wie im zweiten angeführten Fall. Man hat dann Mitarbeiterinnen, die viel loyaler sind. Zurück zum Beispiel: Die Mutter, die sich einen halben Tag für ihren Sohn freinehmen konnte, kommt mit einer Loyalität zurück, die man nicht kaufen kann.

*Kommen wir also allmählich dahinter, dass das Bemühen um eine gute Beziehungskultur wichtig ist?*

Ich glaube, ja. Der große Wechsel in der Einstellung dazu ist interessant. Wir haben unser Buch »Von Erziehung zu Beziehung« 2002 veröffentlicht. Es gab damals ein Interview, bei dem auch der Chef vom Pädagogischen Institut in Dänemark dabei war. Er war zwar freundlich, aber ein bisschen arrogant. Er sagte: »Ja, ja, das mit der Beziehung ist interessant, aber ich glaube, das ist nicht unsere Zukunft.«

Fünf Jahre später sagte er genau das Gegenteil. Die norwegische Regierung hatte in der Zwischenzeit die Lehrerausbildung geändert. Sie hatte zuvor die dänische Pädagogische Universität um eine Metastudie gebeten, die herausfinden sollte, welche Qualifikationen zu gutem Lernen führen. In 86 % der Studien haben sie vier Hauptqualifikationen gefunden. Eine war natürlich die akademische Kompetenz. Dann kam, was sie Regelführungskompetenz nennen. Das ist so eine Art Classroom-Management. Die dritte war didaktische Kompetenz und dann – die Beziehungskompetenz. Die war vorher nie dabei. Jetzt war sie dabei. Die Qualifikationen stehen in keiner Rangordnung. Sie sind alle nur genannt. Die Studie sagt nicht, dass das eine wichtiger sei als das andere. Nun sitzt der Chef vom Pädagogischen Institut plötzlich fünf Jahre später da und sagt: »Ja, ja kein Zweifel. So sieht die Zukunft aus.«

*Was bestätigt, woran Sie arbeiten. Dass ohne Beziehungskompetenz gar nichts geht. Ohne diese Momente, in denen Beziehung gut gelingt, funktioniert nichts nachhaltig.*

Es ist noch nicht so lange her – etwa zehn bis fünfzehn Jahre vielleicht –, da hat man in Unternehmen plötzlich wahrgenommen, dass Wertvorstellungen wichtig sind. Dass es wichtig ist zu fragen: Was für Wertvorstellungen haben wir eigentlich? Wenn man den Mitarbeitern in irgendeinem Unternehmen die Möglichkeit gibt, die ihres Unternehmens zu diskutieren, dann ist innerhalb von zwei Stunden die ganze Organisation aufgedeckt. Da sieht man alles. Besonders alles, was nicht funktioniert.

Eine Bekannte von mir hat das mit Ministerien gemacht. Sie hat mit Ministerien eine Vereinbarung getroffen, Beschreibungen solch eines Prozesses zu erstellen. Diese Beschreibungen sollten veröffentlicht werden. Fünf Ministerien haben bis jetzt zugestimmt. Trotzdem haben alle nachher gesagt: »Wir wollen das Papier nicht veröffentlichen.« Dabei geht es um so etwas Abstraktes wie Wertvorstellungen. Wenn man dann erst Beziehungen diskutieren würde! Ich glaube, die Menschen wissen nicht, wie wichtig Beziehungskompetenz ist.

Es gab eine wunderbare Talkshow mit dem Chef des deutschen Instituts für Psychosomatik und vier Gästen. Kurz erzählt: Dieses Institut für Psychosomatik hat eine 25 Jahre währende Studie abgeschlossen. Dabei ging es um Placebos und deren Wirkung. Einer der Untersuchungsstränge war: Was sagen eigentlich Ärzte zu ihren Patienten. Dabei wurde festgestellt, dass die allermeisten nur »Hallo« sagen und »Was ist los mit Ihnen?«. Oder: »Was tut weh?« Durchschnittlich funktioniert dann eine Art von Medikament in 60 % bis 65 %. Wenn sie dann zusätzliche Fragen stellen und sich vier Minuten mit dem Patienten beschäftigen und ein wenig Beziehung aufbauen, dann funktionieren dieselben Medikamente bis zu 25 % besser. Das zeigt, wie blind dieser Teil unserer Welt ist, dass sie keine Ahnung haben.

*Wie kann das Wissen, das für uns so selbstverständlich ist, so fremd sein für viele?*

Wir haben uns viele Male mit der Kommunikation zwischen Ärzten und Patienten beschäftigt. Patienten haben oft beklagt: »Wir verstehen nicht, was die Ärzte sagen.« Und Ärzte haben oft gemeint, ihre Patienten würden die vielen lateinischen Fachbegriffe nicht verstehen. Also müssten sie simplifizieren. Und dann haben wir gesagt: »Nein, das ist es nicht. Sie können so viel Latein reden, wie Sie wollen. Es geht um Ihre Beziehung zu dem Patienten«.

Die Homöopathen sind dafür ein interessantes Beispiel. Zur Wirkung der Homöopathie hat man nun zum vierten Mal weltweit nachgeforscht. Man konnte auf pharmakologischer Basis feststellen: Es funktioniert nicht. Punkt. So ist das. Wieso erleben aber so viele Menschen, dass es funktioniert? Ein Besuch bei einem Homöopathen, vor allem ein erster Besuch, dauert mindestens 45 Minuten. Was folgere ich daraus? Man redet miteinander und es entsteht eine Beziehung und allein das kann bereits helfen. Und es ist viel billiger als Chemie.

*Sie haben eben gesagt, Ihre Hoffnung sind die Kinder. Welche Änderungen sehen Sie da?*

Die Gesetze, die geschriebenen und nicht geschriebenen Gesetze, sind von Männern formuliert. Von Männern und auch für Männer. Das heißt, normalerweise von Männern, die sehr wenig allgemeine Lebenserfahrung haben. Wenn man näher nachfragt, sagen sie zwar: »Ohne meine Familie geht es nicht.« Aber wir wissen alle, sie haben die Familie unter sich und nicht hinter sich. Genau dasselbe passiert in einem Unternehmen, wenn der Direktor sagt: »Wir sind wie eine große Familie.« Aha, jetzt sind wir beim Patriarchen. Ich erzähle Ihnen dazu eine Geschichte:

Ich habe eine sehr interessante Erfahrung gemacht. Ich habe den Sohn einer der reichsten Familien in Norwegen kennengelernt. Er ist der einzige Sohn neben drei Schwestern. Sein Vater, der Alte, ist wirklich ein unglaublicher Patriarch. Er hat enorm viel Geld verdient. Er sitzt hinter seinem Schreibtisch und die Stühle für die anderen sind immer niedriger. Sein Sohn musste schon mit sechs Jahren einen Anzug mit weißem Hemd und Krawatte und so weiter tragen.

Als ich den Sohn zum ersten Mal traf, war er bereits 48. Er hat mit zweien seiner Söhne Probleme, deshalb kamen wir ins Gespräch miteinander. Unter anderem fragte er: »Jesper, was mach ich mit meinem Vater? Ich halt das kaum mehr aus. Ich soll das alles erben oder mit meinen Schwestern teilen. Ich weiß überhaupt nicht, ob ich dazu Lust habe. Aber auf der anderen Seite ist er auch mein Vater.« Wir haben darüber geredet und ich habe gesagt: »Hör mal. Ich hab was ganz Wichtiges gelernt von meinem Lehrer. Der war immer irritiert, wenn ich so viel geredet habe, denn er redete auch sehr gerne. Er hat was ganz Schlaues gesagt, nämlich: ›Jesper, um Gottes willen, sag, was du sagen willst, in einem Satz oder weniger.‹ Über die Jahre habe ich dann entdeckt, dass das ein sehr, sehr guter Rat war.«

Das habe ich auch diesem Mann gesagt: »Denk mal nach, wie es mit dir und deinem Vater ist. Kannst du das in drei Sätzen sagen? Vielleicht musst du es schreiben. Wenn du schreibst und gleichzeitig bewegt bist, ist es das Richtige.« Ein Jahr später habe ich ihn getroffen und er sagte so nebenher: »Ich hab mit meinem Vater geredet.« Ich sage: »O.K., was hast du gesagt?« »Ich hab es ihm in zwei Sätzen gesagt. Ich bin zu meinem Vater gegangen und hab ihm gesagt: ›Papa, ich liebe dich, aber ich bin mit unserer Beziehung nicht zufrieden.‹« Und der Alte ist zusammengebrochen, hat geheult und gesagt: »Ich auch nicht.« Er ist 85!

*Das klingt vielversprechend*

Ja, das ist hoffnungsvoll. Wir haben jetzt junge Eltern, die sehr gerne eine gute Beziehung zu ihren Kindern haben wollen. Wir haben auch Erzieher, die gerne gute Beziehungen wollen. Aber die Eltern, besonders die Eltern, wollen sich nicht verwundbar machen. Es muss immer ein Filter dazwischen sein zu diesem »Ich zeige dir, wer ich eigentlich bin«. Zeigen, wer sie wirklich sind, wollen sie nicht oder können es nicht. Es gehört nicht zu ihrer Tradition. Ohne diese Authentizität ist eine gelungene Beziehung jedoch nicht möglich. Für eine gelingende Beziehung bedarf es aber zusätzlich noch etwas ganz Wichtigen: Man muss sich leer machen können. Das heißt, weg mit diesen Erwartungen und Voreinstellungen. Sonst ist eine gelingende Beziehung kaum möglich.

*Man sollte sich leer machen und schauen, was da kommt?*

In mehreren Musikmeisterklassen konnte ich sehen, dass die Qualität des Feedbacks großer Künstler, die einen jüngeren Mann oder eine jüngere Frau hören, eng damit zusammenhängt, wie sie diesen jungen Musiker und seine Art und Weise, zum Beispiel Beethoven zu spielen, wahrnehmen. Wenn die Dozenten offen sind und nach dem Potenzial für Veränderung suchen, ist das eine gute Meisterklasse. Wenn sie hingegen sagen, ich weiß, wie man Beethoven spielt, und Sie spielen das so nicht richtig, dann bringt das nichts. Man braucht etwas, was es nur im deutschen, dänischen und norwegischen Sprachschatz gibt: Anerkennung. Anerkennung ist das Schlüsselwort.

In der Schweiz wollte man ein neues Buch über Schulen von mir. Der Verlag wollte in dem Titel das Wort »Wertschätzung« haben. Ich habe sofort gesagt: Das will ich nicht. Da ich kein Deutscher bin, verstehe ich vielleicht nicht ganz, was Wertschätzung bedeutet. Aber jemand aus der Gruppe konnte mir ganz genau den Unterschied benennen. Wertschätzung kommt vom Kopf, Anerkennung vom Herzen.

*Braucht man nicht beides? Kopf und Herz beeinflussen sich doch gegenseitig. Wahrscheinlich wissen wir gar nicht immer, wie eng die beiden zusammenhängen.*

Das kann sein. Aber wenn ich Nr. 1 wählen würde, dann kommt Anerkennung zuerst. Und eine Voraussetzung für Anerkennung ist Empathie. Mein bestes Buch überhaupt, *Grenzen, Nähe, Respekt: Auf dem Weg zur kompetenten Eltern-Kind-Beziehung*, heißt im Originaltitel: *Hier bin ich – Wer bist Du?* Das ist die Basis für gelungene Kommunikation. Bei einem kleinen Kind würde das beispielhaft bedeuten: »Ah, bist du wirklich nicht hungrig?«, statt: »Hast du wieder nichts gegessen?« Das ist etwas ganz anderes.

Für einen Moment gelingender Beziehung habe ich ein wunderschönes kurzes Beispiel. In der Mitte von Stockholm warte ich mit 25 anderen auf grünes Licht. Da kommt eine Mutter mit ihrem sechsjährigen Kind auf Fahrrädern. Die Mutter sieht nicht, dass die Ampel rot ist. Der Sohn hält sie am Arm und sagt: »Mama, es ist rot.« Darauf die Mutter: »Danke, ich habe das nicht gesehen.« Pause. Darauf der Junge: »Ich habe gedacht, du bist in einer eigenen Welt und deswegen siehst du es nicht.« Die Mutter antwortet: »Du hast recht. Genau so war es. Ich danke dir.«

*Oh, da bekommt man ja eine Gänsehaut!*

Warum redet dieses Kind so schön? Weil seine Mutter so mit ihm geredet hat. Deshalb weiß es darum. Diese Gänsehaut haben bestimmt alle 25 Menschen gehabt, die da standen und es mitbekamen. Wir haben nämlich alle etwas anderes erwartet: »Pass doch auf. Bist du blind?«

*Wie können wir dieses Wissen um die Bedeutung von Beziehungskultur weiter verbreiten?*

Ich glaube, das Wissen darum kommt langsam, aber es kommt. Historisch gesehen, kann man sagen: Wir haben erst in den letzten 50 Jahren angefangen, uns aktiv mit dem Thema Beziehung auseinanderzusetzen. Das ist nicht lange. Und wir drei sitzen jetzt hier und es ist *das* Thema. Eigentlich ist es doch ziemlich schnell gegangen.

Wenn es irgendein Problem gibt in unserer Kultur – und das gilt für ganz Europa – fragt man als Erstes: Wer ist schuldig? Und dann findet man jemanden, der schuldig ist. Wir glauben dann, das Problem sei erledigt, und wissen doch ganz genau, dass es das nicht ist. Wir reden lieber über Schuld als über Verantwortung.

Ich habe in Deutschland immer wieder mal den Begriff der Beziehungsqualität gehört. Ich finde ihn interessant, aber nicht passend. Ich habe mit meiner Kollegin Helle Jensen nach einem Begriff gesucht, der sinnvoller ist und an den man sich gut erinnern kann. So kamen wir auf den Begriff der Beziehungskompetenz. Seit nunmehr acht Jahren wissen so viele Menschen überall in Europa, was das bedeutet. Beziehungskompetenz ist zum Begriff geworden. Dann kam noch der Begriff der Gleichwürdigkeit dazu. Der ist ja auch neu.

*Ein wunderbarer Begriff.*

Ich habe Glück gehabt. Der damalige Lektor beim Rowohlt Verlag kam aus der Philosophie. Wir haben uns beide auf die Wortsuche begeben und haben gemeinsam diesen Begriff »Gleichwürdigkeit« geprägt. Leider gibt es ihn in sehr wenigen Sprachen. Im Englischen überhaupt nicht und im Spanischen auch nicht.

*Dasselbe Problem gibt es auch mit dem Begriff des »Gelingens«. Ein Moment gelingender Beziehung ist nicht zu übersetzen mit »moment of successful relationship«. Es gibt den Begriff des Gelingens im Englischen nicht so, wie er von uns verstanden wird.*

Oft passiert so etwas ohne viele Worte. Man hört den anderen was sagen oder man trifft den anderen und man weiß, es passt hier, es stimmt. Es kann auch sein, dass anderes dabei nicht stimmt. Aber das ist nicht so wichtig, denn ein Moment gelingender Beziehung ist ja schon da. Wir müssen in so einem Fall eine Beziehung nicht von null aufbauen. Wenn wir dann an dieser Beziehung arbeiten, geht es nicht nur viel schneller, es ist auch viel angenehmer.

*Kann ich etwas für dieses Gelingen tun?*

Ja, vor allem – ich kann es nicht anders sagen – dieses »sich leer machen können«. Es ist wie eine Art von meditativem Zustand. Dieser Wille, sich offen zu halten, heißt, etwas Neues lernen zu wollen.

*Gerald Hüther hat in seinem Gespräch mit uns gesagt: »Ich müsste suchen, ob ich in dem anderen etwas finde, was ich mag, um mit ihm in Beziehung treten zu können.«*

Das sehe ich genauso.

*Es geht also um die Bereitschaft, sich leer zu machen, auf jemanden zuzugehen und Neugier zu haben. Was ist noch wichtig für Momente gelingender Beziehung? Was gehört für Sie noch dazu?*

Es gehören Gleichwürdigkeit, Authentizität, persönliche Verantwortung und Integrität dazu. Das alles ist wichtig. Wenn diese vier Elemente in einer Beziehung sind, dann ist es eine gute Beziehung. Wenn eines oder mehrere fehlen, dann ist es eine nicht so gute Beziehung. Dann kommt es noch darauf an, was wir mit der Beziehung wollen. Wollen wir uns nur gut fühlen oder wollen wir uns als Menschen entwickeln? Wichtig ist, dass ich auch als Führungskraft dafür offen bin und den Willen habe, mich selber zu entwickeln. Nicht nur meine fachlichen Kompetenzen, sondern auch als Mensch.

Es ist schwierig, Kinder zu bekommen, ohne sich mit ihnen mitzuentwickeln. Jedes Kind, das in die Welt kommt, ist einzigartig und nicht wie die anderen. Man sollte sich nicht darauf vorbereiten, was man diesem Kind sagen will. Das ist die ganze Essenz von: Man muss offen sein, man muss neugierig sein, man muss sich leer machen.

Natürlich kann man sich nicht immer leer machen. Natürlich muss man auch Ideen haben, Vorstellungen über die Zukunft und so weiter. Auch das spielt eine Rolle. Aber jetzt ist das Kind erst einmal da. Tatsache ist, dass die meisten Eltern das bis zu sieben, acht Monaten ausgezeichnet machen. Und dann fangen sie an zu erziehen.

*Sie haben einmal, als Sie nach dem Trotzalter gefragt wurden, geant-wortet: »Ja, ja, die Eltern werden trotzig, wenn die Kinder Nein sagen.« Das gibt einen ganz anderen Blick auf das Trotzalter.*

Das mit dem Trotzalter ist interessant. Bei diesem Begriff merkt man, wie unheimlich stark Definitionsmacht ist. Trotzalter war we-niger ein fachlicher Begriff, sondern er ist irgendwie unter Eltern entstanden. Die Fachleute haben aber auch nicht viel dagegen ge-sagt.

Worum geht es also eigentlich? Interessanterweise machen alle Kinder auf der ganzen Welt im Beziehungsaufbau genau dasselbe, wenn sie rund zwei Jahre alt sind. Da geschieht Folgendes: Man sagt irgendetwas zum Kind und plötzlich guckt es einen an mit einem großen Lächeln und sagt: NEIN! Das heißt so viel wie: »Mein Gott, ich hab jetzt entdeckt, ich habe meine Autonomie. Ich bin ich und du bist du. Wir sind nicht ein Mensch, wir sind zwei. Ist das nicht wunderbar? Das sollten wir feiern.«

Und das »feiern« sie dann mit den Eltern. Bei jeder Frage in den nächsten fünf Monaten sagen sie: NEIN! Wenn man das total ernst oder persönlich nimmt, dann geht garantiert alles schief. Dann kommt es zu einem Machtkampf. Die Eltern kommen dann in die Beratung und sagen: »Sie behaupten ja, ein Trotzalter gibt es nicht. Aber Sie sollten mal mein Kind kennenlernen!« Kann man sich mit dem Kind über diese Autonomie jedoch freuen, hat man eine ganz andere Art von Beziehung.

Was wir mittlerweile wissen, ist, dass dieser Machtkampf, je hartnäckiger er geführt wird, desto länger dauert, und die Pubertät umso heftiger wird. Denn die Kinder haben daraus gelernt, dass es unmöglich ist, sich selbst in dieser Familie zu gestalten. Sie üben sich im Widerstand und kommen dann schwer bewaffnet in die Pubertät. Und die Eltern haben keine Ahnung warum. Wenn wir sie danach fragen, wie das Kind eigentlich früher war, dann sagen sie: »Ja, ja, er war schon in seiner Kindheit unmöglich.« Die Kinder selbst können sich ja nicht erinnern, aber es sitzt ihnen im ganzen Organismus.

Ich erzähle Ihnen ein Beispiel für einen gelungenen Beziehungsmoment, den ich mit meinem Sohn erlebt habe, als er drei Jahre alt war. Zwischen uns herrschte »Krieg«. Ich war unmöglich als Vater, wirklich unmöglich. Labil, chaotisch und oft frustriert. Ich habe nichts verstanden. Meine Frau hat gesagt: »Bleib doch ruhig. Siehst du nicht, dass er Angst vor dir hat?« Eines Tages bin ich wieder am Schimpfen mit meinem Sohn und er läuft weg vor mir. Läuft einfach weg. Im Flur gab es eine Treppe bis zum Wohnzimmer. Er läuft die Treppe hoch. In meiner Wahrnehmung rennt er einfach weg und will sich vor mir verstecken. Ich laufe hinterher. Auf der fünften Stufe dreht er sich plötzlich um. Er hat mir in die Augen geschaut und gesagt: »Hör auf!« Da habe ich aufgehört und verstanden. Er wollte gar nicht weglaufen. Er wollte nur auf Augenhöhe sein. Er wollte sich ausdrücken.

*Was meinen Sie mit »sich ausdrücken«?*

Sich auszudrücken lernen heißt, seine persönliche Sprache zu finden. Und diese persönliche Sprache ist eines der wichtigsten Geschenke. Ein Beispiel dafür: Ein kleines Kind möchte nicht mehr essen, obwohl es sehr wenig gegessen hat. Seine Mutter sagt nicht: »Jetzt iss doch endlich«, sondern: »Ach, du bist satt.« Dann »weiß« das Kind mit einem Jahr: Aha, wenn mein Körper sich so anfühlt, dann heißt das, ich bin satt. Ein Jahr später kann es dann sagen: »Ich bin jetzt satt.« Es muss nicht unartikuliert herumschreien oder sagen: »Ich mag das aber nicht.« Es hat gelernt, sich zu artikulieren, sich auszudrücken. Und etwas auszudrücken ist etwas anderes, als über etwas zu reden.

In einer Beziehung ist es gar nicht von solch großer Bedeutung, dass man über seine Gefühle reden kann. Wert hat, wenn man seine Gefühle ausdrücken kann. Über etwas nur zu reden kann zwar eine gewisse Erleichterung bringen, aber es lässt uns nicht innerlich wachsen.

# »MIT UNSEREM ›AUTHENTISCHEN SELBST‹ IN KONTAKT KOMMEN.«

## GERALD HÜTHER

*Das menschliche Gehirn wird durch Beziehungserfahrungen*
*mit anderen Menschen geformt und strukturiert. (...) Wer*
*sich also weiterentwickeln will, müsste in Beziehungen*
*denken und in Beziehungsfähigkeit investieren.*[44]

Gerald Hüther, geboren 1951, promovierte in Biologie und habilitierte sich im Fachbereich Medizin. Er forschte am Max-Planck-Institut für experimentelle Medizin in Göttingen auf dem Gebiet der Hirnentwicklungsstörungen und betrieb neurobiologische Grundlagenforschung an der Psychiatrischen Klinik der Universität Göttingen vor allem im Bereich neurobiologischer Prävention. Gerald Hüther ist Autor vieler wissenschaftlicher wie auch populärwissenschaftlicher Bücher, worunter sich zahlreiche Bestseller befinden.

*Was müssten wir tun, um Momente gelingender Beziehung zu erleben?*

Das Erste, was man tun müsste, ist, mit »sich selbst ins Reine zu kommen«. Der wunderbare Satz, wer sich selbst nicht liebt, kann auch keinen anderen lieben, bringt es auf den Punkt. Man müsste spüren, dass das eigene Denken, Fühlen und Handeln identisch sind. Dann würde man das erleben, was wir Authentizität nennen.

Es könnte allerdings sein, dass man feststellt: Es ist schon lange her, dass ich mich das letzte Mal authentisch gefühlt habe. Authentisch sind kleine Kinder. Kleine Kinder, die das entwickeln, was man das »authentische Selbst« nennt. Einen Zustand, in dem sie sich noch nicht an die Erwartungen anderer Menschen angepasst haben. Wo sie bei der Entdeckung der Welt die schönsten Beziehungserfahrungen machen, weil sie die noch selbst gestalten. Das ist eigentlich eine Selbstentdeckung, denn sie machen Erfahrungen über das, was sie selbst können. Diese Erfahrungen führen dann zur Herausbildung des »authentischen Selbst«.

In ihrer weiteren Entwicklung müssen sie sich allerdings zunehmend so verhalten, wie das andere wünschen. Das ist ein ziemlich anstrengender Prozess. Häufig wird vergessen, dass dies aber auch von dem Kind gewollt ist. Es ist nicht so, dass sich Kinder deshalb so verhalten, weil man sie dazu zwingt. Kinder wollen dazugehören und können es nicht aushalten, dass sie nicht in den Arm genommen werden von den Eltern; sie können es nicht aushalten, dass sie ausgeschlossen werden. Deshalb sind sie bereit, sich so zu verhalten, wie die Eltern das erwarten. Häufig muss die Mama gar nicht sagen, was sie erwartet. Die Kinder können das schon erahnen. Das führt dann häufig dazu, dass in ihnen eine Erfahrung entsteht, die heißt: Es ist gut, wenn ich brav bin, wenn ich still sitze, wenn ich nicht widerspreche, und wie diese ganzen Erfahrungen so heißen. Und jetzt wird es vollkommen verrückt: Weil diese eben genannten Erfahrungen vom Kind selbst positiv bewertet werden – es hat dem Kind ja geholfen mit den Eltern wieder in Beziehung zu kommen –, identifiziert sich das Kind mit diesen inneren Einstellungen und Haltungen, die es sich dabei im Laufe der Zeit angeeignet hat. Jedes Kind nennt das, wenn es älter wird: Das bin ich. Ich bin ordnungsliebend, ich passe immer schön auf, ich widerspreche nicht.

Dieses »Ich« ist allerdings nun nicht mehr authentisch. Dieses »Ich« besteht zum Großteil aus Anteilen, die sich das Kind nur deshalb »ins Hirn gebaut hat«, weil es sonst nicht mehr hätte dazugehören dürfen. Später im Leben ist es schwer, sein »authentisches Selbst« wiederzufinden. Man müsste sich dazu von all diesen Sozialisationseinflüssen frei machen. Man müsste praktisch zu diesem »authentischen Selbst« durchtauchen. Solange man aber ein anderes Leben führt als das, was als »authentisches Selbst« ursprünglich entstanden ist, so lange bleibt man auch mit sich selbst im Widerspruch. Das heißt, man weiß intuitiv, dass man nicht der ist, den man hier vorzugeben versucht. In Momenten gelingender Beziehung erleben wir jedoch, dass wir wieder mit unserem »authentischen Selbst« in Kontakt kommen.

*Was passiert da im Gehirn?*

Alle diese frühen Erfahrungen bleiben ja zeitlebens im Gehirn verankert. Allerdings werden sie durch sehr viele andere Erfahrungen überlagert und sind uns dann nur noch schwer zugänglich. Die Neurobiologen bezeichnen diejenige Hirnregion, in der alle Erfahrungen abgespeichert werden, als präfrontale Rinde. Hier werden die im Lauf des Lebens gemachten Erfahrungen zu Metakonzepten verdichtet. Die bezeichnen wir dann als innere Haltungen, Überzeugungen oder Vorstellungen. Bisweilen hindern uns manche dieser Einstellungen daran, das wahrzunehmen, was wir wahrnehmen könnten. Deshalb können viele Menschen, wenn sie aus der Kindheit heraus sind, nicht mehr zeichnen oder nicht mehr singen. Sie sind verkrampft, weil sie nicht authentisch sind. Sie sind immer in dem Bemühen, eine Erwartungshaltung zu erfüllen. Das ist Druck, eigener innerer Erwartungsdruck.

*Kann ein Impuls von außen diese Einstellungen durchbrechen?*

Ja. Dieser Impuls muss gar nicht sehr groß sein. Er muss nur sehr genau treffen. Er muss den »Nerv« treffen. Er muss an etwas anknüpfen im Gehirn, was im Zusammenhang mit der Herausbildung des »authentischen Selbst« entstanden ist. Er muss ein altes Netzwerk in Schwingung bringen, das damals herausgebildet worden ist und nie verschwindet. Das ist das Erstaunliche.

Man erlebt im Laufe des Lebens sehr viel Schmerzvolles. Diesen Schmerz kann man aber nur deshalb spüren, weil im Gehirn eine Vergleichsmetapher aufgerufen wird. Es muss ein anderes Netzwerk aufgerufen werden, damit man das, was einem passiert ist, mit anderen Erfahrungen vergleichen kann, die günstiger gewesen sind. Nur dann kann ich sagen: Es ist nicht richtig, wie das eben war. Das heißt, erst indem ich aus der Erinnerung hochhole, wie es eigentlich sein müsste, und das mit dem vergleiche, was ich im Augenblick erlebe, kann ich feststellen: Das passt oder das passt nicht. Die positiven Erfahrungen, die man am Anfang des Lebens gemacht hat, werden also bei jeder schmerzvollen Erfahrung immer wieder mit aufgerufen. Zum Beispiel, dass man einer ist, der Kompetenzen besitzt, der sich autonom und frei entwickeln kann, der liebenswert ist und dazugehören darf. Diese alten Netzwerke werden bei jeder Enttäuschung – wenn man nicht dazugehört oder wenn man etwas nicht frei gestalten darf – gewissermaßen, und ohne dass man es merkt, mit aktiviert. Sonst könnte man ja gar nicht enttäuscht sein. Sonst wüsste man auch nicht, was eigentlich falsch ist. Zu jedem Zeitpunkt des Lebens kann man deshalb an diese noch vorhandenen, obwohl nicht bewussten, positiven Vergleichsreferenzen anknüpfen.

*Was sind für Sie Voraussetzungen für die Entwicklung einer besseren Beziehungskultur?*

Das Problem ist in den meisten Fällen, dass die Menschen, die miteinander in Beziehung treten, sich nicht auf Augenhöhe begegnen. Oft handelt es sich um hierarchische Ordnungen: Eltern treffen auf Kinder, Lehrer auf Schüler, Krankenpfleger auf Patienten, Vorgesetzte auf Mitarbeiter. Wie soll da eine Beziehung gelingen, die schon von ihrer hierarchischen Struktur her gar nicht auf einer Ebene ist? Das Geheimnis heißt: Wir können nicht verlangen, dass der, der unten ist, den anderen einlädt in diese Beziehung. Derjenige, der hierarchisch oben steht, hat mehr Kraft und Macht. Er ist derjenige, der den anderen einladen, ermutigen und inspirieren muss. Das heißt, die Eltern müssten ihre Kinder einladen, nicht die Kinder ihre Eltern. Die Vorgesetzten müssten ihre Mitarbeiter einladen, ermutigen und inspirieren, die Ärzte ihre Patienten, die Lehrer ihre Schüler. Da ahnt man schon, wo der Hase im Pfeffer liegt.

Die meisten dieser Führungskräfte sind ja nur aufgrund dieser »höheren Positionen« die Stärkeren geworden. Nicht immer sind sie ausreichend starke Persönlichkeiten, die es nicht nötig haben, sich von dem anderen »ernähren« zu wollen, sich auf Kosten anderer selbst stärken zu wollen. Erst wenn man so stark ist, dass man den anderen nicht mehr als »Ernährer« braucht, der einen aufbauen soll, hat man etwas zu verschenken. Erst in diesem Augenblick ist die wichtigste Voraussetzung dafür gegeben, dass man jemanden einladen kann. Ich muss dazu aber nicht nur runter von meinem hohen Ross und versuchen, ihm in Augenhöhe zu begegnen. Ich müsste ihn auch irgendwie mögen, damit dies gelingt. Ich müsste suchen, ob ich in dem anderen etwas finde, was ich mag, um mit ihm in Beziehung treten zu können. Das heißt, hier kommen wir in eine Dimension von Beziehungen, die gar nicht mehr als Dienstleistung oder Pflichterfüllung zu verstehen ist. Ich kann den anderen dann nämlich nicht mehr länger als Objekt meiner Bemühungen, als Schüler, als Mitarbeiter oder als Kind benutzen und nach meinen Vorstellungen zurechtbiegen.

*Wie könnte eine gute Beziehungskultur im Bereich der Pädagogik aussehen?*

Pädagogen müssten eigentlich zwei Fähigkeiten besitzen: Die erste ist: Sie müssten in der Lage sein, aus einem zusammengewürfelten Haufen, der Schulklasse heißt, ein leistungsorientiertes Team zu machen. Sie müssten die Qualifikation mitbringen, das Potenzial, das in einer Gruppe steckt, zu entfalten. Ähnlich wie in einem Fußballverein. Es nützt nichts, die besten Spieler zusammenzukaufen, wenn die kein gutes Team werden. Und ein gutes Team muss so beschaffen sein, dass jeder den anderen stützt. Dann kann plötzlich aus einem zusammengewürfelten Haufen ein Überflieger-team werden.

Die zweite ist: Sie müssten in der Lage sein, die ihnen anvertrauten Kinder dafür zu begeistern, etwas lernen zu wollen, was sie bisher nicht interessiert hat. Das ist eine Kunst. Es geht um emotionale Aufladung. Es geht um Bedeutsamkeit. Man kann – das wissen wir ja inzwischen – nichts lernen, was für einen selbst nicht bedeutsam ist. Bedeutsamkeit erkennt man daran, dass es plötzlich emotional wird, dass es unter die Haut geht. Lehrkräfte müssten den Unterrichtsstoff für den Schüler bedeutsam machen.

*Wie kann das gelingen? Wie kann man etwas, was für das Kind unbedeutend ist, bedeutsam machen?*

Die alten Rezepte aus dem vorigen Jahrhundert, mit denen heute noch im Wesentlichen operiert wird, heißen: Ich stelle Bedeutsamkeit her, indem ich das ganze emotional mit dem Versprechen von Belohnungen oder der Androhung von Bestrafungen auflade. Es handelt sich dabei um Dressur- und Abrichtungsmethoden. Deren Nachteil ist, dass Schüler dann etwas auswendig lernen, was sie aber gar nicht interessiert. Leidenschaft und Neugier gehen so verloren. Am Ende erreicht man vielleicht ein Einser-Abitur, weil man erst einmal für die Prüfungssituationen auswendig gelernt hat, um damit eine gute Zensur zu bekommen. Aber eigentlich ist einem der Inhalt egal.

Was wir aber zukünftig brauchen, sind keine abgerichteten Auswendiglerner, sondern Menschen, die sich leidenschaftlich mit Mathematik, Biologie, Technik, Weltraumfahrt oder anderem beschäftigen. Deshalb wird dieses Modell aus dem vorigen Jahrhundert nicht mehr lange Bestand haben.

Im vorigen Jahrhundert wurden noch eher Menschen gebraucht, die gut funktioniert haben. Diese aus heutiger Sicht einfachen Funktionen, für die Menschen im vorigen Jahrhundert in der Wirtschaft, auch in der Verwaltung und sogar an Hochschulen gebraucht wurden, können inzwischen Rechengeräte übernehmen, Hochleistungsrechner oder Roboter. Die Heranwachsenden, die im 21. Jahrhundert tätig sein werden, müssen so nicht mehr »funktionieren«. Was sie aus der Schule mitbringen sollten, ist Kreativität und Innovationsgeist.

Die eigentliche Trumpfkarte, mit der sich unsere mitteleuropäische Gesellschaft gegen diejenigen Gesellschaften und Kulturen behaupten kann, in denen das Funktionieren immer noch auf der Tagesordnung steht, ist: Wir könnten mehr erfinden. Wir könnten in der industriellen und wissenschaftlichen Entwicklung, vor allem auch in der Gestaltung unserer sozialen Beziehungen neue Maßstäbe setzen. Wir könnten wirklich innovative Wege gehen.

Menschen, die keine gute Beziehung zu sich selbst herausbilden konnten, können das auch nicht mit anderen. In unserer gegenwärtigen Gesellschaft werden wahrscheinlich bis zu 90 % unserer Ausgaben nutzlos verschwendet für die Reparatur von Beziehungsstörungen und die durch ungünstige Beziehungserfahrungen entstehenden Reibungsverluste. Menschen, die nicht das finden, was sie sich eigentlich wünschen, bleiben Bedürftige, die viel brauchen und verbrauchen.

Was wir brauchen, ist eine Beziehungskultur, in der die Menschen einander einladen, ermutigen und inspirieren, die in ihnen angelegten Potenziale zu entfalten. So ein Kulturwandel ist ein schwieriger Prozess.

*Sie sind auch in Wirtschaftsunternehmen sowie in politischen Bereichen beratend tätig. Wie könnte eine veränderte Beziehungskultur in diesen Bereichen aussehen?*

Im Grunde genommen geht es immer um das Gleiche. Ob wir über die Beziehung zwischen Eltern und ihren Kindern, Lehrern und ihren Schülern, Führungskräften in der Wirtschaft und ihren

Mitarbeitern reden: Es geht immer um die Art der Beziehungen, die Menschen miteinander eingehen.

Sie können nur dann den anderen helfen, ihre Potenziale zu entfalten, wenn Sie die Menschen einladen, ermutigen, inspirieren, sich für neue Erfahrungen zu öffnen. Wenn sie bisher ungünstige Erfahrungen gemacht haben, sind daraus ungünstige innere Einstellungen, Haltungen, Vorstellungen oder Vorurteile erwachsen. Und die lassen sich nicht so leicht ändern. Das hängt damit zusammen, dass diese Haltungen und Einstellungen nichts rein Rationales sind. Denn jede Erfahrung zeichnet sich dadurch aus, dass sie eine emotionale sowie eine kognitive Komponente hat. Beide sind aneinander gekoppelt und deshalb hängen die Menschen, wie man so sagt, mit dem »Herzen« an ihren Vorstellungen und Haltungen.

Man kann diese Metaebene im Frontalhirn nicht dadurch verändern, dass man auf die Leute einredet oder ihnen erzählt, wie sie es anders machen sollen. Durch Dressur, Belohnung und Strafe geht es auch nicht. Da diese Einstellungen durch Erfahrungen entstanden sind, durch am eigenen Leib gemachte Erfahrungen, kann man nur versuchen, diese Menschen in eine Situation zu bringen, in der sie sich darauf einlassen, neue Erfahrungen machen zu wollen. Führungskräfte, Lehrer oder Eltern müssten also neue günstigere Erfahrungsräume schaffen. Die günstigeren Erfahrungen, die so gemacht werden können, sind immer anknüpfbar an ältere, darunterliegende, günstige Erfahrungen, auch wenn sie schon lange nicht mehr gemacht werden konnten. Deshalb kann sich niemand so richtig dagegen wehren, wenn er plötzlich erlebt, dass etwas möglich ist, was er tief in seinem Inneren bisher immer schon geahnt hatte.

Eine solche Hilfestellung ist notwendig, weil Menschen, die ungünstige Erfahrungen gemacht haben, sich auch immer wieder selbstbestärkend Erfahrungsräume suchen, in denen diese ungünstigen Erfahrungen bestätigt werden. Wenn Sie diese Menschen alleine lassen, laufen sie genau auf diesem Gleis weiter. Das sind Gewohnheiten. Da kommt man nicht alleine raus. Diese Gewohnheiten haben ihnen ja bisher Sicherheit geboten als nützliche und günstige Lösungen. Deshalb geht das Einladen in eine neue Erfahrung nur über eine liebevolle, wertschätzende, den anderen wertschätzende und ihm Raum gebende Beziehung. Dann verschwinden auch die Reibungsverluste, von denen ich vorhin sprach.

*Wie sehen Sie die Chancen für Momente gelingender Beziehung in der Generation Facebook?*

Innerhalb der jüngeren Generation entsteht eine neue Form von Wir-Gefühl oder zumindest eine »dumpfe« Form von Wir-Gefühl. Das hat es bisher auf diese Weise auf dem ganzen Globus noch nicht gegeben. Es ist in seiner globalen Ausprägung vollkommen neu und eröffnet eine ganz andere Dimension, in die diese jungen Menschen jetzt aufbrechen. Ein dumpfes Wir-Gefühl ist jedoch noch zu wenig. Was man bräuchte, ist ein Gefühl dafür, warum und wofür wir gemeinsam etwas machen wollen. Erst wenn man weiß, was man gemeinsam machen möchte, entwickelt man ein Wir-Bewusstsein. Dann ist man nicht einfach nur im Wir, weil man zufälligerweise 150 oder 1.500 Leute per Facebook auf der ganzen Welt kennt. Man ist dann im Wir, weil man weiß, dass man bestimmte Probleme dieser Welt nur gemeinsam lösen kann. Dann wird man auch versuchen, diese Gemeinschaften aktiv herzustellen. Wie wollen sie das aber anders machen als über gelingende Beziehungen? Dazu müsste man andere Menschen einladen, ermutigen und inspirieren, mitzumachen, sich anzuschließen.

*Heißt das, es gibt Momente gelingender Beziehung auch über virtuelle Welten?*

Nein, nicht wirklich. Die gibt es nur in der realen Welt und in vielen Begegnungen. Es kann allerdings passieren, dass ich mit einem Menschen über das Internet in einen Austausch gerate, der dazu beiträgt, besser mit mir selbst in Kontakt zu kommen und die reale Begegnung mit den anderen zu suchen.

Was soziale Medien wie Facebook bieten, ist eigentlich nur eine Information von einem anderen. Und diese Information passt entweder in das eigene Gedankengebäude oder sie passt nicht hinein. Wenn es nicht passt, löschen Sie den Kontakt. Wie soll eine gelingende Beziehung zwischen zwei Menschen entstehen, wenn der Austausch zwischen diesen beiden Menschen von einer Person jederzeit manipulierbar ist, wenn der eine den anderen »abstellen« kann? Eine Beziehung, die von mir bestimmt wird, ist im Grunde genommen keine »richtige« Beziehung, ist eher so etwas wie Selbstbefriedigung, Selbstreferenz. Man bestärkt sich in dem, was man sowieso schon die ganze Zeit denkt und fühlt.

Wenn Sie eine emotionale Aufladung haben wollen, die nicht allein von Ihnen bestimmt ist, dann brauchen Sie den anderen. Das ist der Punkt. Es geht nicht so sehr darum, dass der andere physisch anwesend ist, sondern es geht darum, dass Sie dem anderen in einer Weise begegnen, die einen Austausch ermöglicht. Ich muss in einer gelingende Beziehung auch bereit sein, mich auf den anderen mit seinen Macken einzulassen. Er muss mich hinterfragen dürfen. Ich darf ihn nicht einfach abstellen können. Und die wichtigste Voraussetzung dafür, dass ich mich auf den anderen einlassen kann, ist Zeit. Man braucht Zeit, um einander wirklich kennenzulernen. Und das ist das, was dieses schnelle Internet häufig nicht zulässt. Es geht dort alles viel zu schnell.

*Welche Rolle spielen die Neurowissenschaften im Zusammenhang mit unserer Fragestellung?*

Die Neurobiologie ist eine Naturwissenschaft, und was sie an neuen Erkenntnissen zutage fördert, sind keine Spekulationen. Man kann messen und darstellen, was im Gehirn eines Menschen stattfindet. Ich denke, dass wir das erste Mal in unserer bisherigen Geschichte an dem Punkt angekommen sind, wo wir mit objektiven Verfahren nachweisen können, was Sie in Ihrem Buch als Momente gelingender Beziehung beschreiben wollen. Jetzt können wir die Hintergründe anschauen und beschreiben, was eine gelingende Begegnung bewirkt, man kann messen, was im Augenblick einer gelingenden Beziehung passiert.

Ich weiß nicht, ob das schon einmal im Scanner untersucht worden ist. Man kann das Ergebnis aber erahnen. Wahrscheinlich entsteht dabei ein Zustand, den wir zum Beispiel bei buddhistischen Mönchen beobachten, wenn sie in den Zustand der Achtsamkeit gehen. Dabei kommt es im Gehirn zu einer globalen Aktivierung, bei der fast alles gleichzeitig aktiviert wird. Möglicherweise entsteht dasselbe Reaktivierungsmuster in den Gehirnen von zwei Menschen, wenn sie das erleben, was wir als einen Moment gelingender Beziehung erleben. Man ist dann wacher, nicht nur für die anderen, sondern auch gegenüber sich selbst und der Welt. Die Auseinandersetzung mit diesem Thema zeigt, wie wichtig es ist, sich mit dem Phänomen Beziehung differenziert auseinanderzusetzen. Hinter diese Einsicht können wir nicht mehr zurück. Das ist eine andere Dimension.

## »BEZIEHUNGEN GELINGEN NICHT SELBSTVERSTÄNDLICH.«

### GESINE SCHWAN

*Zukunft haben wir nur gemeinsam (...) Persönliche Beziehungen, das A und O gelungener Bildung, spornen an und machen Lernen zu einer positiven Erfahrung.*[45]

Gesine Schwan studierte Geschichte, Philosophie und Politikwissenschaften und war viele Jahre Professorin für Politikwissenschaft an der FU Berlin mit zahlreichen Lehraufenthalten in den USA. Von 1999 bis 2008 war sie Präsidentin der Europa-Universität-Viadrina in Franfurt/Oder. 2004 und 2009 kandidierte sie für das Amt der Bundespräsidentin. Sie ist Mitbegründerin und Präsidentin der Humboldt-Viadrina School of Governance in Berlin und hat viele Schriften zu politischen und bildungspolitischen Themen verfasst. Frau Schwan ist mit zahlreichen Auszeichnungen geehrt worden, zuletzt erhielt sie 2013 den Erich-Fromm-Preis, der Personen verliehen wird, »die mit ihrem wissenschaftlichen, sozialen, gesellschaftspolitischen oder journalistischen Engagement Hervorragendes für den Erhalt oder die Wiedergewinnung humanistischen Denkens und Handelns im Sinne Erich Fromms geleistet haben bzw. leisten«.

*Auf Ihrer Internetseite haben wir folgendes Zitat gefunden: »Die gegenwärtige Finanz- und Wirtschaftskrise ist für mich in ihrem Kern eine Kulturkrise, weil die Gründe für ihre Entstehung in fast allen Gesellschaftsbereichen zu finden sind.«*
*Wir sehen in dieser Kulturkrise auch eine Krise unserer Beziehungskultur. Auf unserer Spurensuche nach Momenten gelingender Beziehung*

*als Bausteinen gelingender Beziehungskultur lautet daher unsere erste*
*Frage an Sie: Was löst bei Ihnen der Begriff »gelingende Beziehung« aus?*

Erstens etwas Positives. Zweitens, ja, das gibt es, und drittens: Gelingende Beziehung gehört zum Wertvollsten, was ich mir vorstellen kann. Ich bin insofern vielleicht »typisch weiblich« sozialisiert, dass Beziehungen für mich so wichtig sind. Außerdem finde ich es gut, dass Sie vom Gelingen ausgehen und nicht vom Negativen. Das Kritische muss man immer sehen. Aber kritisch sein, ist ja erst einmal nichts Negatives, sondern bedeutet auseinanderhalten. Trotzdem ist es nicht gut, in einen Drive zu kommen, in dem man alles auseinandernimmt und nichts mehr übrig bleibt. Mir geht es in meiner ganzen Lebensführung immer ums Gelingen. Dazu gehört auch, zu benennen, was hinderlich ist für das Gelingen. Aber nicht mit dem Ziel, zu brillieren, dass ich alles zersetzen kann, sondern mit dem Ziel, Wege zu finden, damit etwas gelingt.

*Momente gelingender Beziehung sind ein wichtiger Baustein für die*
*Qualität einer Beziehung. Was ist für Sie Voraussetzung, Chance, für*
*so einen Moment?*

Vielleicht ist es ein bisschen abstrakt, aber zunächst einmal ist eine Diskrepanz zu überwinden. Dass etwas gelingt, heißt, dass es nicht selbstverständlich ist, dass es geht. Und damit ist schon ein wichtiges Element solch eines Moments genannt: die Freude darüber, dass eine Diskrepanz, ein Konflikt, eine Distanz, eine Indifferenz überwunden werden. Dass sie nicht mehr bestehen. Das setzt viel voraus. Bei mir ist es zum Beispiel so, dass ich alles, was auf Isolierung und Atomisierung geht, für ein Unglück halte. Das ist auch nicht zufällig so. Das ist in der europäischen Tradition durchaus angelegt und das heißt, es ist gut, solche Isolierung, solche Atomisierung zu überwinden.

Wir werden sehr schnell mit allen möglichen Konflikten, mit Unfreundlichkeiten und sonstigem Nichtgelingen konfrontiert.

Und es ist zunächst einmal für mich ein Gefühl der Freude, solche Diskrepanzen zu überwinden, sodass eine gelingende Beziehung eintritt. Das heißt für mich nicht, dass da jeder jedem sagt: Du bist wunderbar. Es heißt für mich, dass eine Verständigung entsteht. Verständigung ist für mich ein ganz wesentliches Element.

Für mich ist das auch ein Ziel der Bildung. Verständigungsfähigkeit im kognitiven Sinn, aber auch im emotionalen Willens-Sinn. Ich will mich verständigen.

*Auch im Sinne von Bereitschaft, von Offenheit?*

Ja. Aber nicht nur Bereitschaft. Es ist mehr. Ich bin nicht nur offen, dass andere mich in eine Verständigung ziehen. Ich möchte es auch offensiv angehen, solche Verständigung zu zeigen. Verständigung hat im Deutschen ja so eine Konnotation von: Da ist eine Aktivität. Wenn wir nach dem 2. Weltkrieg von Völkerverständigung gesprochen haben, dann war das ein aktives Tun und nicht ein Gucken, was da auf mich zukommt.

Offenheit ist in meinem Verständnis ein Zugehen auf jemanden, auf etwas. Ich habe mich früher sehr viel mit Jaspers befasst. Mit dem Philosophen, der viel über Kommunikation, auch Wahrheit als Kommunikation, geschrieben hat. Habermas hat das dann fortgesetzt. So offen auf jemanden zuzugehen heißt auch, nicht von vornherein das Negative zu erwarten. Man kann den anderen überraschen, indem man freundlich ist, auch wenn er es gar nicht erwartet hat. Und plötzlich öffnen sich die Menschen. So ist das Offensein auch ein Öffnen von anderen.

*Aktiv auf jemanden zuzugehen scheint eine wichtige Voraussetzung für Momente gelingender Beziehung zu sein.*

Und von vornherein nicht nur Schlechtes erwarten. Dem anderen gegenüber positiv sein. Das ist für mich sowieso eine Grundhaltung, die ich auch in der Politik für sehr wichtig halte. Ich finde, dass

Freundlichkeit eine politische Tugend ist. Den anderen erst einmal als Freund anzusehen und nicht von vornherein als Gegner. Deshalb reagiere ich auch so dermaßen auf diese ganze Wettbewerbsmanie, in der wir leben. Sie trennt so sehr.

*Wo sehen Sie Chancen, aus diesem Konkurrenzdenken wie beispielsweise im Bildungsbereich auszubrechen und sich kooperativen Strategien zuzuwenden?*

Ich glaube, dass inzwischen der Leidensdruck in dieser Sache sehr groß geworden ist. Wenn ich öffentlich über Vertrauen, Demokratie, Bildung und was auch immer rede, beobachte ich Folgendes: Wenn ich beschreibe, wie destruktiv diese Konkurrenz sein kann, wie das schon ab dem 4. Lebensmonat zur Belastung wird, weil das Kind eventuell die Hand nicht so hebt, wie es in irgendeinem Buch steht, und wie dann die Angst bei der Mutter und bei dem Vater anfängt, sich auf das Kind überträgt und alles blockiert. Und sich dann immer weiter fortsetzt. Die Kinder gehen ungern in die Schule und jeden Morgen gibt es dann das Theater. Diese Heulerei. Und niemand redet darüber. Dann die Rollenverteilung in der Familie. Dass der Mann am Abend gestresst nach Hause kommt und findet, dass die Frau eigentlich an der Misere schuld ist. Wenn ich dieses Szenario erzähle, diese Geschichten über Geschichten – die gar nicht mein Szenario sind, aber ich krieg sie ja mit –, dann kommt sofort rauschender Beifall. Da merke ich jedes Mal, das ist ein Szenario, das den Leuten fürchterlich auf den Geist geht.

Da ist inzwischen viel Leid. Dieser Konkurrenzgedanke, der sich letztlich durch Globalisierung und Deregulierung zugespitzt hat, hat inzwischen so viel destruktives Potenzial in der Finanzwirtschaft und überall sonst gezeigt. Niemand kann mehr ungeschützt sagen, wie das etwa Olaf Henkel vor 20 Jahren gesagt hat: Das ist die beste Möglichkeit, Leistung zu fördern. Olaf Henkel hat in Berlin bei einer Grundsatzrede vor dem BDI den Satz gesagt: Wir müssen von einer Wettbewerbswirtschaft in eine Wettbewerbsgesellschaft übergehen. Ich habe ihm damals in einem Brief geschrieben: Wissen Sie, was Sie da machen? Sie zerstören die Voraussetzungen einer Wettbewerbswirtschaft, denn die braucht ganz andere Aspekte. Die braucht Vertrauen und nicht Berechnung.

Ich glaube, diese Dysfunktionalität ist inzwischen in vielen Bereichen angekommen. In der Hochschule war ich vor 10 Jahren in dieser Hinsicht noch eine einsame Ruferin in der Wüste. Meine Kollegen haben all das mitgemacht, diese Exzellenzinitiative. Ich habe schon damals geschrieben, wir müssen die Proportionen zwischen Wettbewerbsmitteln und konstanten Mitteln ändern. Wir müssen eher die Grundfinanzierung sichern. Jetzt gibt es genügend Untersuchungen, die das bestätigen. Der letzte Präsident der DFG sagt immerhin in einem Interview, dass Wettbewerb im Bildungssystem wichtig ist, aber nicht in allen Bereichen.

Es wird noch dauern. Man muss jenen, die das fühlen und merken, Mut machen, sich dagegen zu wenden. Dieses Wettbewerbsdenken instrumentalisiert Kinder für den elterlichen und schulischen Ehrgeiz. Schon ab der ersten Klasse soll vor allem Wissen vermittelt werden. Was da alles flachfällt! Die ganze Diversity, die Vielfalt der Wirklichkeit und der Kultur, die von Kindern mit unterschiedlichem Hintergrund auf unterschiedliche Weise angeschaut und untersucht werden kann. Und das fällt alles flach, nur damit Kinder schnell rechnen und schnell lesen lernen.

Im Bildungsprozess geht es gerade nicht darum, dass die sich Bildenden alle einem Leistungsziel entsprechen sollen, für dessen Erreichen sie um die Wette rennen, sondern dass sie die ihnen innewohnenden mannigfaltigen Potenziale entwickeln sollen. Die Vorherrschaft, ja das Monopol des Wettbewerbs schnurrt diese Mannigfaltigkeit auf einige Dimensionen zusammen und führt bei den Individuen und für die Gesellschaft zu einer drastischen Verarmung.

*Wie bekommen wir denn da eine Veränderung, ein Umdenken hin?*

Ich glaube schon, dass da gelingende Beziehung helfen könnte. Denn in dem Moment, in dem Sie ein komplexes Set von Kindern haben und mit denen was zustande bekommen, kommt auch eine andere Art von Gelingen zustande. Wenn die Kinder miteinander in Kommunikation treten, sich gegenseitig bereichern können, haben sie andere, positive Erfahrungen und es stärkt ihre eigene Persönlichkeit.

Das ist zum Beispiel bei unserem Master for Public Policy in unserem Masterstudiengang an der Humboldt-Viadrina School of Governance so. Es ist enorm. Die Studierenden, alles Berufstätige, schwärmen von der unglaublich kreativen Atmosphäre.

*Können Sie die Atmosphäre dort beschreiben?*

Sie kommt durch vielfache Bezogenheit. Sie entsteht auch durch Beziehung. Wir haben an der Humboldt-Viadrina School of Governance praktisch Ateliercharakter. Es gibt 10 Phasen à 4 Tage, dazwischen liegt ein anstrengendes E-Learning. Viele Primärtexte. Ich mute den Studierenden harte Primärtexte zu und lasse sie Fragen beantworten. Dann gibt es ein Lerntagebuch im Sinne einer Selbstbezogenheit. Und es gibt die Projektbezogenheit. Eine der Bewerbungsvoraussetzungen ist nämlich ein Projekt, mit dem sie ein Problem lösen wollen. Von vornherein besteht also eine Bezogenheit auf Probleme der Umwelt, nicht primär auf die Karriere. Es geht ja auch um Public Policy. Ein Projekt umzusetzen verlangt Kooperation mit anderen. Das schaffen sie alleine nicht. Sie müssen also anfangen, sich auf andere einzustellen, mit anderen zusammen etwas Gemeinsames zu finden, Hindernisse zu überwinden. Damit entsteht Kreativität. Alle haben verschiedene Projekte. Sie können sich gegenseitig darüber erzählen und beratschlagen: Was hast du da gemacht? Oder: Was ist dein Problem? So entsteht in jedem Kurs eine unglaublich kreative Bewegung.

In den Präsenzphasen wird sehr viel besprochen. Es geht dabei nicht primär um den Vortrag Einzelner. Den gibt es zwar auch, aber nicht ewig und vor allem mit Unterbrechungsmöglichkeit. Zudem sitzen wir alle immer im Kreis, nie hintereinander. Auch hier haben wir sofort Beziehung. Auch die Beziehung zwischen der Theorie und dem konkreten Projekt, das jemand umzusetzen versucht.

*Es scheint eine ganze Menge gegenseitiger Wertschätzung dabei zu sein, eine Auseinandersetzung auf Augenhöhe.*

In gewisser Weise habe ich Lehre immer so verstanden. Natürlich kannte ich Rousseau besser als jene, die ihn zum ersten Mal gelesen haben. Aber die Herausforderung für mich war – als ich solche Texte noch an der Universität unterrichtet habe –, dass ich herausfinden wollte, was den Studierenden dazu einfällt, wenn sie den Text vielleicht zum ersten Mal lesen. Was wundert sie, welche Fragen, was müsste diskutiert werden. Es gibt ja keinen »objektiven« Rousseau, den ich da in Köpfe implantieren will. Ich will Auseinandersetzung.

*Mir kommt da Jesper Juuls Begriff der Gleichwürdigkeit in den Sinn. Hierarchie muss nicht ein »Oben« und »Unten« bedeuten.*

Es gibt funktionale Unterschiede. Das ist klar. Aber dieser funktionale Unterschied heißt nicht, dass dadurch Distanz entstehen muss. Gar nicht. Sie sagen Gleichwürdigkeit. Für mich ist ein ganz zentraler Begriff Partnerschaftlichkeit. Wir haben in unserer School auch ein Projekt »Partnerschaftliche Familie und Öffentlichkeit«, bei dem es darum geht, die langfristigen politischen Herausforderungen und Chancen für Familien zu definieren und mögliche Lösungen auf den Weg zu bringen. Ein Faktor ist Zeit. Die Zeit, die wir brauchen, um uns um Familien zu kümmern. Nicht nur um die Kinder, sondern auch um die Kranken und die Eltern. Um Beziehungen überhaupt gedeihen zu lassen, auch innerhalb der Partnerschaften, braucht man Zeit. Und diese Zeit ist keine rein private Sache.

Wir müssen diese Zeit abschneiden von der Arbeitswelt, die uns immer mehr auffrisst. Da Familie – so ist meine These – die Keimzelle gesellschaftlichen Zusammenhalts ist und auch ein Beziehungsgeschehen, soll dafür eine öffentliche Finanzierung stattfinden.

Ich finde es ganz zentral in der Partnerschaft: Wenn beide arbeiten, sollen beide Familienarbeit machen. Und es soll die reale Möglichkeit geschaffen werden, dass auch beide arbeiten können! Wenn das geschehen soll, braucht das Zeit. Wenn Leute unbedingt ihre individuelle Karriere machen wollen, dann sollen sie das in unserer liberalen Gesellschaft auch tun. Aber sie müssen dann auch mitfinanzieren, dass sich andere um familiäre Beziehungen, um unseren gesellschaftlichen Zusammenhalt kümmern. Ich will niemanden zwingen, eine Familie zu gründen. Aber da entstehen funktionale Werte. Wenn wir mit Unternehmen verhandeln, nennen wir das ökonomisch positive externe Effekte.

*Wenn man Momente gelingender Beziehung ausbauen möchte, braucht man Zeit. Im Bildungsbereich, im politischen Bereich, im wirtschaftlichen Bereich und in anderen gesellschaftlichen Bereichen.*

Ja, wir brauchen dringend Zeit in allen diesen Bereichen.

*Geht die Forderung nach mehr Zeit nicht unter, wenn wir durch die Brille der Ökonomisierung nur auf Effizienz und auf finanzielle Ergebnisse schauen?*

Wir sehen manches in völliger Verkürzung. Der Modebegriff der »Nachhaltigkeit« ist in diesem Zusammenhang ganz praktisch. Auf den hat man sich eingelassen, ohne genau zu überlegen, was dahintersteckt. Man kann sich an ihm festhalten und sagen: Wenn Sie etwas wirklich nachhaltig machen wollen, dann müssen Sie sich Zeit nehmen. Zeit nehmen, um unterschiedliche Aspekte in Betracht zu ziehen. Auch in der Wirtschaft. Sonst kommen Sie nicht weit.

*Worüber wir hier sprechen, hat viel mit Gefühlen zu tun. Eine der Kern-*
*thesen des Schweizer Erkenntnistheoretikers Luc Ciompi lautet: Es gibt*
*kein Fühlen ohne Denken und kein Denken ohne Fühlen. Beide hängen*
*untrennbar zusammen. Gefühle haben zudem einen immensen Einfluss*
*auf unser Denken. Dessen sind wir uns aber meistens gar nicht bewusst.*

Ja, das denke ich auch. Das kommt ja in gewisser Weise in der
Konjunktur des Begriffs Empathie zum Ausdruck. Das Einflussver-
mögen wurde vor 30 Jahren noch eher dem Weiblichen zugedacht
oder man hat es so »departmentalisiert«. Die Frauen sollen sich um
die Gefühle kümmern, die Männer um die harten Facts.

Dass beides verbunden werden muss, ist auch meine Überzeugung. Die Partnerschaftlichkeit hat deswegen in meiner Sicht, wenn
sie praktiziert werden kann, ganz positive Effekte auf die Rollen-
bilder und Selbstverständnisse. Dabei haben die Frauen eigentlich
nicht das Problem, vielleicht noch in der Wirklichkeit, aber nicht
in ihrem Rollenverständnis, denn sie sind auf einem aufsteigenden
Ast. Die Männer haben ein Problem, weil sie sich vielfach als Verlierer verstehen. Wenn sie etwa Tätigkeiten oder Verhaltensweisen
übernehmen, die bei Frauen vorrangig waren, für Männer bisher
aber nicht als wichtig angesehen wurden, haben diese Tätigkeiten
keine positiven Effekte. Für das Wohlbefinden aller, für einen besseren Umgang mit sozialen und anderen Problemen, ist ein ausgewo-
generes Rollenbild oder eine Rollenverteilung besser.

Ich behaupte, dass mein Mann, der Transparency International
gegründet hat, deshalb so erfolgreich ist, weil er viel mehr Gefühl
hat als die allermeisten Männer in seiner Generation. Er bekommt
ganz viel über das Fühlen mit. Wenn er in der Weltbank verhandelt
oder sonst wo, merkt er genau, ob sich jemand gedemütigt fühlt
oder wo man jemanden packen kann. Also den anderen verstehen,
das ist wichtig.

Gefühle betreffen immer den ganzen Menschen. Ich kann mich
nicht nur zur rechten Hälfte freuen. Viele haben Angst davor, die

Kontrolle über sich zu verlieren, wenn sie sehr traurig, sehr freudig sind, wenn sie starke Gefühle empfinden, sich vielleicht zu sehr einer Person zuwenden. Dieses Geschehenlassen von Gefühlen, sie dabei aber reflektieren, Dabeibleiben mit dem Kopf, aber eben auch Von-Gefühlen-tragen-lassen, das heißt doch, dass man eine bestimmte Kontrolle nicht mehr ausüben will. Dass man sich anvertraut.

*Stichwort Vertrauen?*

Vertrauen ist eine ganz starke Sache. Sie ist für mich bis ins Theologische wichtig. Aber selbstverständlich auch ins Zwischenmenschliche. Ich kann nicht offen sein, ohne Vertrauen zu haben, dass der andere mich nicht sofort reinlegt. Ich persönlich bin der Meinung, dass Gefühle zentral sind, dass Mitempfinden zentral ist. Dass man durch Gefühle – ich habe es manchmal Antennen genannt – ganz anders auf Probleme aufmerksam wird. Merkt, was da um einen so los ist.

*In einem Artikel in der »Zeit« äußern Sie: »Das politische Leben ist wölfisch. Man darf nicht zu vertrauensselig sein.« Ein Aspekt, der uns bewegt, weil wir uns fragen: Wie kann man im Bereich der Politik vertrauen?*

Vertrauensseligkeit ist ein negativer Begriff. Alles für bare Münze nehmen, das darf man nicht. Vertrauensseligkeit ist Blauäugigkeit für mich. Dagegen gehört Vertrauensbereitschaft für mich zum politischen Leben. Dazu muss ich bereit sein, auch wenn im politischen Leben latent immer Konkurrenz herrscht. In der Partei, oder sonst wo in dieser organisierten Politik, sind Sie immer im Wettbewerb. Es ist eine große Stärke erforderlich, mit jemandem offen, vertrauensvoll und vorbehaltlos zu kooperieren. Sie können nicht wissen, wann die nächste Konstellation kommt, bei der Sie gegeneinanderstehen. Das ist so in der organisierten Politik.

*Kann das angesprochen werden? Es wäre doch eine notwendige Voraussetzung für einen Moment gelingender Beziehung?*

Ich glaube, das hängt grundsätzlich von der Art der Beziehung ab. Ich würde das auch im politischen Leben ansprechen. Ich habe von Anfang an gerade über Vertrauen gesprochen. Es war schon mein erstes Thema bei der Kandidatur 2004. Man kann ansprechen und bewusst machen, dass es ohne Kooperation und Vertrauen in der Politik überhaupt nicht geht. Kooperation und Vertrauen muss man aufbringen, sonst geht es nur um die eigene Karriere. Man kann in der Politik nicht alleine durchstarten. Wenn man nicht positiv auf andere zugeht und für möglich hält, dass sich die anderen auch positiv verhalten, dann geht es nicht.

*Also zugleich Vertrauens- und Risikobereitschaft?*

Risikobereitschaft gehört zum Vertrauen. Risikobereitschaft zeigen Sie nur, weil Sie sich zutrauen, es zu überwinden, wenn Sie enttäuscht werden. Vertrauen und Risiko, das gehört zusammen.

*Sie sagen an anderer Stelle, Vertrauensbereitschaft geht nicht ohne Selbstvertrauen.*

Selbstvertrauen kann jeder haben. Aber wie entsteht es? Es gibt eine Reihe von Quellen. Die »berühmteste« ist wohl das Urvertrauen, das man in der Familie mitbekommt. Das ist ganz, ganz wesentlich. Wenn ich das bei mir so rekonstruiere, dann habe ich sehr viel Vertrauen von meinen Eltern mitbekommen. Ich bin in diese Welt gekommen und alle haben sich gefreut, so hat man mir erzählt. Ich hatte immer das Gefühl: Ich habe so viel Positives mitgekriegt, die Leute haben mich gerne gemocht. Man läuft dann allerdings auch Gefahr, sich zu viel zuzutrauen, nicht zu merken, wenn man sich überfordert.

Die Chancen für Selbstvertrauen sind ungleich verteilt. Die Realisierung von Chancen liegt nicht unbedingt daran, dass Sie furchtbar begabt sind, sondern dass Sie eine Balance finden. Eine Balance zwischen den menschlichen Beziehungen, in denen Sie leben, und dem, was Sie sachlich, was Sie professionell tun. Auch eine Balance zwischen Ihren Fähigkeiten, Anlagen, Interessen und dem, was Sie tun. Deshalb ist die Bildungspolitik so wichtig für mich. Sie sollten nicht in einen Bereich gezwungen werden, der überhaupt nicht Ihren Anlagen, Begabungen und so weiter entspricht.

*Noch einmal zurück zur Vertrauenswürdigkeit. In diesem Zusammenhang ist für uns der Begriff Authentizität wichtig. Wir haben dafür eine klare Definition: Ich bin authentisch, wenn ich fühle, was ich denke, wenn ich fühle, was ich sage.*
*Ich kann viel reden, privat und öffentlich und fühle gar nicht, was ich sage. Erst wenn mein Zuhörer spürt, dass ich wirklich fühle, was ich sage, was ich denke, dann kann Vertrauenswürdigkeit entstehen. Wie ist es in der Politik?*

Ich finde Ihre Definition interessant. Ich hätte spontan erst einmal gesagt, authentisch bin ich, wenn ich ernst meine, was ich sage. Das ist ja sehr dicht dran. Wenn es wirklich ein Anliegen ist. Dass ich etwas nicht nur sage, weil ich es aus Berechnung sage. Das kann sehr anstrengend sein, denn in der Politik muss man mit Erwartungen umgehen, muss Erwartungen bedienen. Sie können nicht jeden Einzelnen überzeugen. Sie müssen Unterstützung haben, müssen Wahlen gewinnen.

Das ist keine leicht zu beantwortende Frage. Ich glaube aber, dass Authentizität dabei eine große Rolle spielt, weil sie ein Vertrauensverhältnis aufbaut. Und weil wir in einer komplexen Politik nicht von ungefähr immer eher in personales Vertrauen setzen anstatt in Sachvertrauen oder gar Programmvertrauen. Programme kann man machen und ihnen dann doch nicht folgen. Sachlagen können so komplex sein, wie etwa gegenwärtig in der Finanz- und

Europakrise, dass man sie gar nicht mehr durchschauen kann. Also setzt man Vertrauen in die Person der Politikerin, des Politikers. Das heißt auch, es gibt ein Vertrauen in Authentizität.

Man kann Politiker erleben, die Reden halten, die für sie geschrieben worden sind. Das ist in der Politik überhaupt nicht ungewöhnlich. Nur darf man sie eben nicht völlig teilnahmslos herunterlesen. Wenn Gedanken und Gefühle überhaupt nicht übereinstimmen, trägt das nicht. Wenn dahinter Leidenschaft, also Gefühl steht, kann man hingegen über ganz abstrakte Sachen packend sprechen. Insofern gefällt mir Ihre Definition sehr gut. Wenn keine Motivation, kein Gefühl, keine Verbundenheit da sind, kommt auch keine Authentizität zustande.

*Wie schaffen Sie es, an der Humboldt-Viadrina School of Governance den Studierenden ethische und politische Verantwortung nahezubringen?*

In den Bedingungen der Bewerbung steckt schon einiges drin. Die Bewerberinnen und Bewerber müssen nicht nur ein Motivationsschreiben erstellen, sie müssen auch sagen, wo sie ein Problem sehen und wie sie es beheben wollen. Ohne solch eine Projektvorstellung werden sie gar nicht zur engeren Bewerbung zugelassen. Das Ziel ist ja auch, ihnen mit diesem Masterprogramm zu helfen, Projekte umzusetzen. Damit ist von vornherein eine verantwortliche Einstellung zur Welt gegeben. Und sie sind auch begierig darauf, die intellektuellen, die Verhaltens- und Verhandlungswerkzeuge zu bekommen, um ihre Verantwortung praktizieren zu können. Das ist die Ausgangssituation. Sie spüren stark, dass wir das auch ethisch wollen, dass wir ganz offen sind. Die Studierenden wollen praktische handwerkliche Methoden und Techniken kennenlernen, aber auch abstrakte moralische Legitimationsfragen, Rechtfertigungsfragen behandeln. Moralisches Verhalten hängt immer stark mit Rechtfertigungsgrundsätzen zusammen.

*Wir kommen noch einmal auf Momente gelingender Beziehung. Welche Voraussetzungen sind Ihrer Ansicht nach wichtig?*

Man kann es nicht für selbstverständlich halten, dass Beziehungen gelingen. Damit kommt Dankbarkeit ins Spiel, wenn sie gelingen. Ein sehr freudiges Element. Die Voraussetzung ist, dass ich nichts für selbstverständlich nehme, dass ich Geschenke erkenne, Gnade erkenne. Und dass ich, so denke ich, eine Grundneigung, ja ein Grundbedürfnis habe, mit anderen positiv zu sein. Also ist auch ein Stück Menschenliebe dabei. Wem das nicht liegt, der wird wahrscheinlich nicht wirklich in eine gelungene Beziehung kommen. Misanthropen haben es sicher schwer mit gelingenden Beziehungen.

Eine grundsätzliche Menschenliebe, davon gehe ich aus, braucht vielleicht sogar politisch ein kleines Übergewicht. Es gibt so einen schönen Satz in den Federalist Papers, geschrieben von drei der Väter der amerikanischen Verfassung, die Institutionen schaffen wollten, damit Bösartigkeiten der menschlichen Natur sich nicht durchsetzen können. Sie sagen, letztendlich brauchen wir neben dem Setting oder der Interessensbalance etc. auch den »manly spirit«. Über »manly spirit« amüsiere ich mich immer, aber das ist ja Sprache des 18. Jahrhunderts. Wir brauchen den »manly spirit of the American people in order to bring about what we want«. Sie müssen ein leichtes Übergewicht in die Vertrauenswürdigkeit der Menschen haben, wenn sie eine Demokratie aufbauen wollen.

Dankbarkeit, Menschenliebe, Neugierde und ein leichtes Übergewicht in die Vertrauenswürdigkeit zu Menschen sind notwendig. Humor ist auch ganz wichtig. Der setzt wiederum Selbstvertrauen voraus. Wichtig ist auch, Fehler einzugestehen, auf sie einzugehen. Wenn man humorvoll auf eine Situation eingeht, ist man zugeneigt. Und ganz sicher ist wichtig, dass man keine Angst hat. Angst tötet alles.

*Gibt es Momente gelingender Beziehung, an die Sie sich erinnern?*

Wenn ich mich frage: Stell dir vor, du müsstest jetzt Bilanz ziehen, was wären besonders schöne Momente in deinem Leben gewesen, dann sind das eher gelungene Alltagsmomente. Sehr schöne gelungene Alltagsmomente, im Beruf und in der Familie. Sie kreisen auch irgendwie um gemeinsames Essen. Communio. Dieses sich gemeinsam Nähren, Stärken, das gemeinsam Genießen. Das sind so Momente für mich, wo ich sage: Ach, ist das herrlich. Einfach vorbehaltlos schön.

Ich komme darauf zurück, was Sie früher gesagt haben. Wichtig ist Ihnen der Moment gelingender Beziehung und nicht gleich die umfassende Beziehung. Aber hat man nicht den Wunsch, dass es mehr als nur ein Moment ist? Man möchte doch, dass das Gelingen dauert.

# »INNOVATION BRAUCHT VIEL EINFÜHLUNGSVERMÖGEN.«

## WOLF DIETER GROSSMANN

*Dieser Planet zwingt uns zum Lernen. (...) Man kann die meisten Themen der Nachhaltigkeit durchsehen und wird zu der Schlussfolgerung kommen, dass radikale Innovation unentbehrlich ist, und zwar ganz besonders im sozialen Bereich.*[46]

Wolf Dieter Grossmann ist Mathematiker und Systemwissenschaftler. Schon vor Abschluss seiner Promotion war er Dozent für Computersprachen, Datenbanken, Systemmodellierung und Simulation. Nach führenden Stellungen in Akademien und Instituten im In- und Ausland mit Forschungsfragen zu regionalen und globalen Zukunftsmodellen, ist er heute Wissenschaftler des von ihm mitbegründeten »International Center of Climate and Society« an der Universität Hawaii in Manoa sowie Gastprofessor für qualitative Systemwissenschaft an der Universität Graz, Österreich. Er hat zahlreiche Publikationen verfasst zu Themen wie z. B. Entwicklungsstrategien in der Informationsgesellschaft, Nachhaltigkeit – Bilanz und Ausblick, Chaos und Lebensfähigkeit von Systemen.

*Für wie bedeutsam halten Sie die Auseinandersetzung mit Momenten gelingender Beziehung für unsere gesellschaftliche Entwicklung?*

Ich halte die Auseinandersetzung mit Momenten gelingender Beziehung für ganz entscheidend. Wir erwarten in unserer Gesellschaft massive Veränderungen. Normalerweise bin ich Optimist, aber ich sehe unsere Entwicklung im Moment sehr mit Bangen. Wir werden durch unsere rasante technische und wissenschaftliche Entwicklung in eine Lage versetzt, in der wir in ganz hohem Maße ethische Haltungen entwickeln müssen, damit wir überlebensfähig bleiben. Diese Kräfte, die wir durch technische und wissenschaftliche Neuerungen in die Hand bekommen, müssten wir zum Guten einsetzen. Im Moment gefährden wir uns. Wir sind nur überlebensfähig, wenn wir unser Mitmenschentum pflegen und entwickeln, wenn wir sehr viel mehr in Beziehung denken.

*Wie könnte so ein Denken in Beziehungen aussehen?*

Systeme, die sich sehr positiv entwickeln, zeichnen sich durch zwei Eigenschaften aus. Ihre Lebewesen oder Elemente entwickeln sich eigenständig, aus eigenem Antrieb und eigener Kraft. Sie fördern sich aber auch wechselseitig. Wenn es dem einen besser geht, aus eigener Anstrengung oder durch Förderung, kann sich auch der andere besser entwickeln und wiederum fördern. Also ein positiver Kreislauf.

Besonders instabile Systementwicklungen erfolgen dann, wenn sich der eine und der andere zwar eigenständig entwickelt hat – wie in der Wettbewerbsgesellschaft gefordert –, aber beide versuchen, sich aus ihrer Umgebung möglichst große Vorteile zu verschaffen. Ein Denken in Beziehungen hingegen sieht sich selbst in seiner Umgebung und nimmt diese Umgebung präzise und sozusagen liebevoll wahr, mit ihren Eigenheiten, Erfordernissen, Stärken und Schwächen.

*Sie sprachen eben von ethischen Haltungen, die wir entwickeln müssen, damit wir überlebensfähig bleiben. Welche Grundwerte sind für Sie besonders wichtig?*

Einige wichtige Grundwerte sind zum Beispiel Vertrauen, Wertschätzung, Offenheit, miteinander in Kontakt treten, aufmerksam sein, konstruktive Kritik empfangen und geben. Auch die Bereitschaft, sich selbstständig zu entwickeln. Diese Grundwerte entwickeln viele Menschen nicht ausreichend. Man muss sie schon bei Kindern fördern und stärken. Wir wissen zwar, dass sich viele Menschen bewusst um ihr ethisches Wachstum bemühen, es ist aber nicht leicht, dies später nachzuholen.

Menschen, die sich ethisch nicht entsprechend entwickelt haben, können mit den großen neuen Machtmitteln Entscheidungen fällen, die für viele andere Katastrophen nach sich ziehen. Der enorme Wissenszuwachs, den wir auf der Welt haben, führt dazu, dass an immer mehr Stellen Menschen in der Lage sind, grobe Missbräuche zu betreiben. Zum eigenen Vorteil und zum Nachteil von Millionen. Wir sind dabei, uns in diesem Jahrhundert in so prekäre Lagen zu manövrieren, dass wir wieder zu einer gewissen Vernunft zurückfinden müssen. Es ist aber sehr schwer, das hohe Ausmaß an Komplexität in unserem Wirtschaften und Leben zu verstehen.

*Können Sie uns dafür ein Beispiel geben?*

Unser Flächenverbrauch weltweit, zum Beispiel, ist nicht durchzuhalten. Wir stoßen überall an Grenzen. Da die Menschen reicher werden, zum Beispiel in China und Indien, werden Wohnungen, Häuser und Grundstücke größer. Es wird mehr Auto gefahren, das braucht mehr Straßen. Es wird auch mehr Fleisch gegessen. Rind braucht jedoch pro später gelieferter Kalorie zehnmal so viel an Primärkalorien, also an Futterkalorien. Dabei ist das Verhältnis beim Rind noch relativ maßvoll. Schwein braucht das 15-Fache an Kalorien für eine Kalorie. Huhn liegt schon beim 18 bis 20-Fachen. In dem Maße, in dem mehr von alldem nachgefragt wird, steigt der Bedarf an Agrarfläche enorm, um Futtermittel anzubauen. Und das ist nicht die einzige Nachfrage nach Fläche.

Es könnte sein, dass wir es mit den sieben Milliarden Menschen, die wir jetzt sind – wenn wir alle vernünftig denken und arbeiten – gerade schaffen werden. Das intellektuelle Potenzial, um überlebensfähig zu werden, hätten wir, ganz besonders, wenn diese sieben Milliarden kreativ zu einer positiven Entwicklung der gesamten Biosphäre beitragen. Wir müssen die Menschen dazu bewegen, ihr

Potenzial zu nutzen, es sinnvoll zu nutzen. Und zwar nicht nur ihre intellektuellen, sondern auch ihre emotionalen Fähigkeiten. Vieles erschließt sich dem Denken nicht sofort oder kaum. Emotionale Fähigkeiten erkennen oft viel besser, welche Verhaltensweisen für alle positiv sind. Das Denken kann die emotional erschlossenen Erkenntnisse jedoch wirkungsvoll prüfen und hinterfragen.

*Wie weit können wir dazu die Neuen Medien nutzen?*
Neue Medien erlauben die Übersetzung intellektueller Sachverhalte in Bilder, Töne oder andere Formen, die damit emotional zugänglich werden. Dies ist großartig, da Emotionen breite Möglichkeiten eröffnen, einer komplexen Welt zu begegnen.

Des Weiteren braucht eine komplexe Wissensgesellschaft die Möglichkeit, dass unterschiedliche Menschen relativ schnell in persönlichen Kontakt miteinander treten können. Wenn ich etwas Kompliziertes mache – und ich komme in der Zeit von Samstag auf Sonntag um ein Uhr in der Nacht nicht weiter –, dann muss ich Leute kennen, die ich zu dieser Zeit kontaktieren kann. Die neuen technischen Hilfsmittel bieten da eine große Chance. Eine Chance des Internets besteht darin, dass man sich zunächst über diese elektronischen Medien austauschen und näherkommen kann. Wenn man sich dann physisch begegnet, hat man schon ein gewisses gemeinsames Fundament. Die eigentliche Begegnung entsteht dann aber im Physischen, wenn man mit demjenigen auch mal ausgeht, einen Moment gelingender Beziehung teilt. Ich glaube, dass Beziehungsaufbau oft misslingt, weil die vielen Möglichkeiten durch die Neuen Medien Menschen vollkommen überfordern und zu völliger Verzettelung führen.

*Es wird immer häufiger nach einem Strukturwandel gerufen. Wir sind der Überzeugung, dass wir primär keinen Strukturwandel brauchen, sondern viel eher einen Wandel in unserer Beziehungskultur.*

Das sehe ich genauso. Ein positiver Wandel in unserer Beziehungskultur ist wirklich ein zentrales Thema für unsere Welt. Nur mit unserer Beziehungsfähigkeit, die wir entwickeln müssen, können wir in diesem Jahrhundert überleben. Das ist grundlegend. Und es sind immer die gleichen Grundmuster, die dazu führen, dass Beziehungen gelingen oder nicht gelingen. Diesen systemischen Bezug muss man sichtbar machen.

*Was sind für Sie wichtige Voraussetzungen für eine gelingende Beziehungskultur?*

Ich brauche dafür nur eines der großen Bücher aus einer der großen Religionen der Welt aufzuschlagen. Da stehen die Elemente schon alle drin. Zum Teil sind sie in Bilder gepackt, die erzählen, dass der Einzelne aus der Seele mit Gewissen und Intuition und all diesen großartigen Möglichkeiten besteht. Auch seinem kleinen Ego, das sich wie ein trotziges Kind gebärdet, das schmollt, nie satt und zufrieden ist. Jeder Mensch steht zunächst einmal vor der Herausforderung, sich mit diesem launenhaften Wesen, das in jedem von uns steckt, auseinanderzusetzen.

Um miteinander gut auszukommen, um miteinander das Überleben zu schaffen, sind die Anforderungen an uns Menschen wohl seit Jahrtausenden immer die gleichen. Wir glauben jetzt aber eher, das alles nicht mehr zu brauchen. Dabei müssten wir Menschen im 21. Jahrhundert uns ganz besonders mit unseren Unzulänglichkeiten und deren Konsequenzen bewusst auseinandersetzen. Und das ziemlich massiv.

*Warum sollten wir das tun?*

Genau aus dem Grunde, damit wir gemeinschaftsfähig werden in einer komplexen, globalen Welt, in der Missverhalten von wenigen Millionen Menschen ins Elend stürzen kann.

Es geht um die Entwicklung ganz vieler Grundwerte in mir und deren Bestärken in der Kommunikation mit den anderen. Es geht um die Entwicklung all der psychischen Grundvoraussetzungen, um miteinander in Kontakt treten zu können: Seine eigenen Ängste versuchen zu überwinden, damit man sich öffnen kann. Sowohl konstruktive Kritik geben als auch empfangen können. Sich selber nicht so wichtig nehmen, damit man jemandem zuhören kann. Das Ego bearbeiten, damit es nicht im Wege steht.

Was wir jetzt in unserer Gesellschaft haben, sind ein ungeheures Ausmaß an Freiheit und eine Wahnsinnsfülle des Angebots. Beides fordert, dass wir von Kindheit an die Fähigkeit zu eigenverantwortetem, positivem Verhalten entwickeln müssen. Eine unglaublich anspruchsvolle Aufgabe, die wir uns erst einmal bewusst machen müssen.

*Sie sprachen vorhin über die Nutzung unserer intellektuellen und emotionalen Fähigkeiten. Wie weit darf sich ein Mathematiker und Systemforscher überhaupt von seinen Gefühlen leiten lassen?*

Ich erzähle Ihnen da eine Geschichte: In der letzten Woche hatte ich »Grossmann gegen Grossmann«. Ich habe mich mit einem sehr komplizierten Thema beschäftigt, musste komplizierteste Rechnungen machen und mein Kopf hat sich benommen wie ein Pferd vor einer Hürde, die ihm zu hoch ist. Es hat gebockt. Eines Nachts habe ich eine Formel geträumt, die genauen Zeichen. Ich habe gesehen, wie sich hier und da etwas gegeneinander rauskürzt. Und dann kam eine ganz einfache Schlussformel heraus, die in diesem Gebiet noch nicht bekannt war, obwohl sie grundlegend ist. Ich habe diese Formel dann entwickelt. Mein mathematischer Verstand sagte mir, die ist falsch. Meine Intuition sagte mir aber, die ist richtig. Und das ergab eine Woche »Grossmann gegen Grossmann«, bis der Mathematiker in mir gemerkt hat, dass ich die Formel anders betrachten muss. Jetzt ist sie auch mathematisch sinnvoll. Mir kann keiner erzählen, dass die Leute, die richtig gute, grundlegend neue Konzepte und Lösungen entwickeln, nicht genau auf diesem Weg dazu kommen. Durch Gefühl und Intuition.

*Intuition ist also ein wichtiger Baustein für Innovation. Welche Eigenschaften sind denn noch notwendig, um Innovation zu fördern?*

Wenn ich, wie es in der Fachsprache der Innovationsforschung heißt, radikal-innovativ bin, schwimme ich irgendwie gegen den Strom und bürste gegen den Strich. Das setzt bestimmte Charaktereigenschaften und Haltungen voraus. Zum Beispiel, dass man bereit ist, etwas ganz anders zu machen als andere. Zu Anfang sind neue Sachen ja erst einmal schwierig und skurril. Da brauche ich Rückgrat, um das durchzustehen, Vertrauen, einen Rahmen und Risikobereitschaft. Leider bildet sich das alles in unserer immer stromlinienförmiger werdenden Gesellschaft zurück. Diese Fähigkeiten entwickeln Kinder, wenn sie auch mal frech sein dürfen, Spiele spielen dürfen, die – für Erwachsene scheinbar absehbar – entgleisen werden. Kinder müssen auch Streiche machen dürfen, ohne dass aufgeregte Schulkonferenzen auf dem Fuß folgen.

Als Systemwissenschaftler habe ich Wirtschaft in der Innovation analysiert. Das war lange Zeit einer meiner Schwerpunkte. Innovation ist wunderbar und überlebensnotwendig. Dazu ein Beispiel: Wir leben auf einem evolutionären Planeten und die sogenannten Krankheitserreger entwickeln sich laufend. Jetzt haben wir allmählich alle unsere Antibiotika, die von der Natur im Lauf der Jahrmilliarden entwickelt wurden, vergeudet und verbraucht dafür, dass wir sie in der Landwirtschaft an unsere Tiere verfüttern. Und diese Bakterien haben natürlich gelernt, damit umzugehen, weil sie dem täglich ausgesetzt werden. Sie machen Genaustausch, nicht in einer Generationenabfolge, sondern tauschen direkt gegeneinander aus. Sie haben viele Mechanismen, um nützliche Gene hin und her zu reichen. Dadurch lernen sie laufend, und wenn wir nicht schnell genug lernen und rennen, buttern sie uns unter.

Ich vermute mal, es gibt nicht nur die Viren und Bakterien, mit denen wir im Wettbewerb stehen. So wie ich die Welt einschätze, gibt es da noch viele Kräfte und Mächte, die ich nicht kenne, mit denen wir auch in einem Wettlauf stehen. Ohne beständige Innovation werden wir wohl nicht viele Chancen haben. Innovation ist aber auch sehr herausfordernd und braucht viel Einfühlungsvermögen. Wenn wir Innovation richtig machen wollen, um die Gesellschaft mitzunehmen, dann braucht es große Empathie.

*Können Sie uns dafür ein Beispiel geben?*

Ein Beispiel, wo es viel Empathie gebraucht hätte, um die Menschen für innovative Entwicklungen vorzubereiten und mitzunehmen, ist eine persönliche Erfahrung, die mit den Umwälzungen durch das Internet entstanden ist.

1992 trat ich die Leitung eines Instituts in Leipzig an. Ich habe die massiven Umwälzungen durch das Internet kommen sehen und deshalb versucht, den Menschen den Wert des Internets und des Computereinsatzes für die Wirtschaft zu vermitteln. Die Assoziationen mit dem Internet, die viele vor Ort hatten, waren sehr negativ besetzt. Viele dachten eher an Pornografie und Hackertum. Meine Vermieter in Leipzig, mit denen ich eigentlich ein gutes Verhältnis hatte, hielten mich sogar für einen Agenten des westdeutschen Monopolkapitalismus, der den Wirtschaftsaufbau in den neuen Bundesländern hintertreiben sollte. Für die Menschen in Leipzig war Braunkohle zu der Zeit noch braunes Gold. Ich sprach mit Leuten von der Leipziger Strombörse Sachsen, denen ich vorrechnete, wie diese Braunkohlenwerke in absehbarer Zeit in Konkurs gehen würden. Das taten sie dann ja auch. Ein paar Jahre später mussten sie nach Bonn reisen und die Hand aufhalten, weil Braunkohle fast dreimal so teuer war wie australische Importe von Steinkohle.

*Wie erklären Sie sich die Gegenhaltung, die Sie da erfahren haben?*

Ich erkläre mir diese Haltung im Nachhinein damit, dass die Menschen über Jahrzehnte quasi von der westlichen Außenwelt abgeschnitten waren und diese Entwicklung nicht mitbekommen haben. Außerdem hatten sie immer gesehen, dass sich Braunkohle für sie bewährt. Und nun kommt da einer, der sie zum Internet drängen will, was aus ihrer Sicht erst einmal nur was Übles sein kann. Das waren Welten! Das war zu viel an intellektueller und emotionaler Herausforderung.

Ich habe damals geglaubt, dass ich ihnen erzählen kann, wie sich die Wirtschaft entwickelt. Warum alles, was diese »Ehe« mit den neuen Möglichkeiten angeht, sich langfristig viel besser entwickelt als ihre Braunkohle. Also etwa in der Bauwirtschaft mit Computertechnik und 3D-Druckern. Ich dachte, sie sagen: Natürlich, das leuchtet uns ein. Sie sahen aber nur, dass ihre Braunkohle nicht gemocht wird. Wenn ich da sehr, sehr viel mehr Empathie gehabt hätte, wäre mir klar gewesen, dass es eine ungeheure Anforderung an diese Menschen stellte, meine Einsichten aufzunehmen. Die Hürde, die Missbalance waren einfach zu groß.

Ohne Empathie wuppen wir unsere kreative Gesellschaft nicht mit sieben Milliarden Menschen, von denen eine ganze Menge laufend Neues ausprobiert und ausprobieren muss.

*Können Sie uns noch weitere Beispiele aus dem Bereich der Wirtschaft oder der Weltwirtschaft geben?*

Ein aktuelles Beispiel, wo wir sehr viel mehr über Beziehung nachdenken müssten, ist die Finanzkrise.

*Ist die überhaupt zu verstehen?*

Selbstverständlich. Sie basierte erst einmal darauf, dass es einer Reihe kluger Köpfe gelang, das Risiko von Finanzierung deutlich zu vermindern, indem sie einen Risikomix gemacht haben. Stellen wir uns zum Beispiel eine Versicherung vor, zu der ein Landwirt kommt, der gegen schlechte Sommer versichert werden möchte. Er bekommt seine Versicherung. Dann kommt ein Tourismusunternehmer zur selben Versicherung. Auch er möchte gegen schlechte Sommer versichert werden. Auch er bekommt seine Versicherung. Das Versicherungsunternehmen weiß, dass es »Katzen und Hunde« regnen könnte. In diesem Fall käme der Tourismusunternehmer, aber nicht der Bauer. Ist es heiß und trocken, dann kommt der Bauer, aber nicht der Tourismusunternehmer. Wenn der Versicherer beide gleichzeitig versichert, kann er beiden Versicherungsnehmern durch den Risikomix bessere Prämien geben und selber verdient er auch noch besser.

Man hat gelernt, bei mehreren 100.000 Hypothekennehmern die Risiken so zu mischen, dass man die Hypotheken besser absichern und damit den Hypothekennehmern bessere Bedingungen einräumen konnte. Donald Costello, ein Freund von mir, hat das entwickelt. Donald Costello hat viele Preise gewonnen, ist ein ungemein guter Mensch und Weltmeister in mathematischer Stochastik, einer Voraussetzung für solch komplizierte Berechnungen. Er hat damals einen Supercomputer eine Woche lang rechnen lassen und sein Paket von Hypotheken brachte immer 1 % mehr als die Pakete von den besten Bankfachleuten. Und ob man 5 % oder 6 % verdient, ist in dieser Branche ein Riesenunterschied.

Die Finanzkrise basierte zunächst darauf, dass die Banken mit diesem fantastischen Werkzeug den nimmersatten Regierungen viel günstigere Kredite geben konnten. Es waren vor allem die Regierungen der sogenannten Piigs-Staaten: Portugal, Italien, Irland, Griechenland, Spanien. Spanien hat große Satellitenstädte gebaut mit einer Infrastruktur für Zehntausende, die immer noch nicht bezogen sind. Irland hat so etwas Ähnliches gemacht. Griechenland hat seine Beamten vergoldet und deren Töchter gleich mit. Es waren zunächst die Politiker dieser Piigs, die das Geld veruntreut und obendrein den Banken noch gesagt haben: Wenn ihr uns Geld gebt, geht das ohne Risiko, denn Staaten können nicht in Konkurs gehen.

*Welche Werte wurden denn hier missachtet?*

Politiker haben dieses Geld, das sie billig bekamen, für ihren Machterhalt genutzt. Das ist schon einmal eine Veruntreuung öffentlicher Mittel, die sie noch dazu nicht einmal hatten. Die Finanzleute bekamen gute Provisionen. Zwar nur wenige Promille der Geldmengen, die sie beschafft haben, aber wenige Promille sind dann auch schon Milliarden. Das heißt, so ganz ethisch einwandfrei sind die Leute, die das im Finanzsektor machen, auch nicht. Dann gab es auch Finanzleute, die Menschen ohne jedes Einkommen Darlehen gegen 20 % Provision verschafft haben, die diese nie zurückzahlen konnten. Dies ist zwar nicht strafbar, aber letztlich zutiefst korrupt. Diese Darlehen wurden im Überschwang vergeben. Dann gab es Rating-Agenturen, die Finanzpaketen – die aus diesen Darlehen gemischt wurden – zum Teil das höchste Rating zubilligten. Das ist entweder ein fachliches Versagen oder ebenfalls korrupt. Interessanterweise hat die US-Regierung jetzt gegen die erste dieser Rating-Agenturen ein Gerichtsverfahren eingeleitet. Schuld nachzuweisen ist hier jedoch recht schwierig.

Um bei der Finanzwelt zu bleiben: Ich werde bei der nächsten Vorlesung mal meine Studenten ärgern und sagen: Lasst uns mal herausfinden, welche Gruppen in der Gesellschaft wirklich wichtig sind. Angenommen, Busfahrer streiken, was passiert dann? Angenommen, Fluglotsen streiken, das ist schon schlechter. Angenommen, Ärzte streiken und machen wirklich nichts mehr. Dann sterben mehr als sonst, aber so eine richtig große Katastrophe gibt es nicht. Angenommen, die Banker streiken: Nach drei Wochen hätten wir kein Geld mehr, nach sechs Wochen taumelt die Wirtschaft, nach drei Monaten würde eine Hungerkatastrophe ausbrechen. Ein funktionierender Finanzsektor ist ungeheuer wichtig. Der ist letztlich vorübergehend wichtiger als der Medizinsektor – Letzterer ist dafür langfristig wichtiger – und viele andere Sektoren. Das haben sich einige wenige Leute in diesem Sektor zunutze gemacht, um sich mit den Machtmöglichkeiten, die sich ihnen bieten, in meinen Augen sehr illegal zu bereichern. Das widerspricht völlig einer gelingenden Beziehungskultur.

*Lassen Sie uns einen Sprung weg von der Finanzkrise hin zu dem sogenannten CCN machen, dem »Kreuzkatalytischen Netzwerk«, über das Sie intensiv geforscht haben. Was genau ist ein CCN?*

Der Begriff »Kreuzkatalytisches Netzwerk« bedeutet Folgendes: Man hat zwei oder mehr Elemente – welcher Art auch immer –, die sich beide jeweils eigenständig gut entwickeln, sich gegenseitig aber zusätzlich in ihrer Entwicklung unterstützen. Eine sogenannte »Win-win-Situation«. Ich beschreibe das am besten an einem Beispiel. Jeder Baum hat um seine Wurzel einen Mantel, die sogenannten Wurzelpilze oder Mykorrhiza. Die Mykorrhiza ätzt mit einem chemischen Vorgang das Erdreich. Sie ätzt Mineralstoffe frei und gibt sie der Wurzel des Baumes, der diese Mineralstoffe braucht. Der »dankbare« Baum gibt der »hilfreichen« Mykorrhiza dafür Assimilate. Der Baum kann eigenständig wachsen, autokatalytisch. Er bildet Blätter, und je mehr er hat, desto mehr Assimilat kann er bilden und desto schneller kann er wachsen. Auch die Mykorrhiza kann autokatalytisch wachsen. Je mehr Mykorrhiza da ist, desto mehr bildet sich neue. Also Autokatalyse hier und Autokatalyse da. Wenn die Mykorrhiza dem Baum mehr Mineralstoffe gibt, dann geht es dem Baum besser und von seinem erhöhten Niveau kann der Baum der Mykorrhiza noch mehr Assimilate geben und dann geht es auch der Mykorrhiza besser. Und so schaukeln sie sich hoch. Das ist ein kreuzkatalytisches Netzwerk, ein CCN. Ein ungeheuer positiver Kreislauf. Man mag den Unterschied des Netzwerks gegenüber dem, der alleine agiert, vielleicht für nicht sehr gravierend halten.

Bringt man aber die Mathematik ins Spiel, zeigt sie Folgendes: Der isolierte Einzelne kann »nur« exponentiell wachsen, also mit steigender Zuwachsrate. Ein Netzwerk hingegen kann in der Mathematik hyperbolisch wachsen. Und das heißt, ein Netzwerk ist jedem isolierten Einzelwesen gegenüber ungeheuer überlegen. Das Netzwerk hängt das Einzelwesen vollkommen ab und lässt es hinter sich. Ein Einzelner ist gegenüber dem gut funktionierenden Netzwerk völlig chancenlos.

*Dann ist ein CCN ja ein mathematisches Beispiel für gelingende Beziehung und eine Bestätigung dafür, dass gelingende Beziehungen sogar größeres Wachstum bringen!*

Absolut. Und zwar auch besonders in den *intangiblen Bereichen*, also den Bereichen, die zwar vorhanden, aber nicht so recht greifbar und fassbar sind. Intangibles ist aber nicht marginal. Es kann sehr wichtig sein. Es gibt viele Intangible, wie zum Beispiel die Atmosphäre in einer Beziehung oder die Kreativität und Lernfähigkeit von Mitarbeitern und Mitarbeiterinnen.

Wenn ich das CCN so ernst nehme, wie es ernst genommen werden müsste, dann setzt das allerdings voraus, dass ich Wesen habe, die sich eigenständig entwickeln können, es wollen und es auch tun. Das ist wichtig. Das ist die Basis. Nur wenn ich solche Wesen habe, kann ich zu gelingender Beziehung kommen.

Wenn in einer Beziehung beispielsweise zwei zusammen sind und nur der eine gibt dem anderen ständig, dann ist das eine Räuber-Beute-Beziehung. Die hat drei Ergebnisse: Entweder der eine saugt den anderen so aus, dass er erschlafft zusammenfällt. Oder der, der immer gibt, ist schließlich so überfordert, dass er wegrennt. Oder der, der immer geben muss, erschlägt den anderen. Ich sehe keine vierte Möglichkeit. Das heißt, sie müssen sich beide eigenständig entwickeln.

Wir sind jetzt dabei, zu entdecken, wie wichtig die Entwicklung des Einzelnen von Anfang an ist. Wenn ich zwei Systeme habe, von denen sich jedes entwickeln kann, es auch will und tut, und sie helfen sich gegenseitig, dann können sie sich im Prinzip mathematisch in den Himmel heben. Nicht umsonst hat schon Jesus gesagt: Wenn zwei oder mehr in meinem Namen zusammenkommen, dann bin ich unter euch. Er sprach also quasi den Weg zum Unendlichen an, den ein CCN – mathematisch gesehen – ermöglicht. Jeder dieser Einzelnen bemüht sich und der eine verstärkt noch die Bemühungen des anderen. Schon Jesus wusste um ein CCN!

*Das setzt voraus, dass man selbstständig ist, Selbstvertrauen hat, dazu aber Wertschätzung, Empathie und Achtung für andere empfindet, um nur ein paar Werte zu nennen.*

Genau all diese. Wir haben in meiner Gruppe erforscht, wo überall CCNs auftauchen und haben diese verschiedensten CCNs analysiert. Insgesamt waren es rund 60 Systeme, die wir unter die Lupe genommen haben. Angefangen bei erfolgreichen Individuen, dann besonders Firmen, aber auch Ökosysteme. Und alle diese Systeme, die besonders erfolgreich waren, haben ohne Ausnahme als CCNs fungiert. Das hat uns sehr verblüfft. Bei den CCNs haben wir beides: gegenseitige Wachstumsförderung und Wettbewerb, wobei die Wachstumsförderung den Wettbewerb überflügeln sollte. In Betriebswirtschaft und Management habe ich aus verschiedenen Lehrbüchern noch gelernt, dass es einer Firma nur gut gehen kann, wenn es ihren Kunden gut geht, ihren Lieferanten, ihren Mitarbeitern und ihrem sozialen Umfeld. Wenn ich Steve Jobs richtig verstanden habe, hat er auch darauf geachtet, dass seine Zulieferer zwar knapp kalkulierten, aber gut zurechtkommen sollten. Sein Nachfolger dagegen hat »Krieg« mit einem Hauptzulieferer begonnen, den wohl der eher gewinnen kann. Ähnlich ist es im Kleinen. Die Beziehung zwischen Doktorvater oder Doktormutter und den Betreuten ist idealerweise auch ein CCN. Es gibt schöne Beispiele für erfolgreiche Arbeitsgruppen mit CCN-Struktur, die für alle Mitwirkenden Erfolge brachten. Sie leisteten viel mehr, als jeder isoliert Konkurrierende hätte zustande bringen können.

Wenn wir CCNs in der Gruppe analysierten, dann haben wir zunächst gesagt: Es ist eigentlich ziemlich egal, warum der eine dem anderen hilft. Ob aus Berechnung, Gewohnheit, Tradition oder Dummheit. Hauptsache ist erst einmal, dass sie sich gegenseitig helfen. Wir haben aber festgestellt, dass die Hilfe am wirkungsvollsten ist, wenn der eine den anderen liebevoll beobachtet und sich dadurch besser auf ihn einstellt. Von daher schlage ich vor, dass man als weitere Voraussetzung für Momente gelingender Beziehung auch den liebevollen Blick auf sich selber und auf den anderen aufnimmt. Ich glaube, dass aus Liebe mehr Hellsichtigkeit entspringt, die Beziehung gut zu gestalten, als wenn man sich nur aus Gewohnheit wechselseitig hilft.

# »DEINE MEINUNG, DEIN RAT, DEINE EMPATHIE, DEINE KRITIK SIND MIR WICHTIG.«

## CLAUDIA VON BRAUNMÜHL

*Der Vision von umfassender demokratischer Partizipation liegt ein Konzept von Gerechtigkeit zugrunde, das Verteilung, Anerkennung und Mitsprache einschließt.*[47]

Claudia von Braunmühl ist unabhängige entwicklungspolitische Gutachterin und Beraterin sowie Professorin für Internationale Politik im Fachbereich Politik- und Sozialwissenschaften an der Freien Universität Berlin. Sie studierte Sozial- und Politikwissenschaft und war jahrelang als Beauftragte des Deutschen Entwicklungsdienstes in Jamaika tätig. Ihre wissenschaftliche und entwicklungspolitische Arbeit umfasst Bereiche wie zum Beispiel Entwicklungstheorie, Menschenrechte, Armutsbekämpfung, Gender Mainstreaming, humanitäre Hilfe oder Organisationsentwicklung und betrifft die Länder der Karibik, Afrikas, Asiens und des Nahen Ostens. Sie hat zahlreiche Publikationen zu entwicklungspolitisch brisanten Themen veröffentlicht.

*Wie wichtig sind Momente gelingender Beziehung im Bereich der Entwicklungszusammenarbeit?*

In meinem beruflichen Bereich ist eine meiner Grunderfahrungen im Sach- und auch im Beziehungszusammenhang folgende: Wenn etwas zu gelingen scheint, handelt es sich zu einem großen Teil um strukturelle Missverständnisse. Damit will ich Folgendes sagen: Ich komme von hier und mein Partner kommt von da. Wir begegnen uns und denken dann, alles sei wunderbar, das Projekt gelingt, es werden schöne Berichte geschrieben. Man meint, dass man sich versteht, denn in diesem Schnittpunkt versteht man sich ja auch. Ich aber gehe dahin und der andere geht dorthin und das Ganze zerfällt gnadenlos. Während im Schnittpunkt noch eine wunderbare Evaluierung geschrieben wurde, gibt es danach nur noch Katastrophen zu berichten.

Es ist unglaublich schwierig, in der kurzen Zeit des Gelingens – Gelingen würde ich auch unter Gänsefüßchen stellen – die unterschiedlichen Perspektiven, Absichten und Herkünfte zu erkennen und sie außerdem während des Treffens so zu bearbeiten, dass beide Seiten in die Lage kommen, das »Gelingen« festzuhalten. Häufig spielen objektive Tatbestände und Zwänge eine Rolle. Ich habe ein Projekt, das macht meinen Lebensunterhalt aus, das muss und soll gelingen. Es soll in kurzer Zeit gelingen. So ist die Projektdynamik. Dort ist jemand, der will auch etwas. Er will Bedeutung, er will sein Dorf entwickeln, er will auch Lebensunterhalt für seine Familie. Die Projektdynamik ist bestimmt durch ganz unterschiedliche Logiken und es kann sein, dass diese Logiken gar nicht veränderbar sind. Deswegen meine Frage: Trauen Sie diesem zeitlichen Moment?

*Ja. Wir sind der Meinung, dass ein Moment gelingender Beziehung wichtige Impulse für konstruktive Veränderungen geben kann.*

Vielleicht ist der Begriff des »Gelingens« schon ein Missverständnis. Das erlebe ich immer wieder. Man fühlt sich verstanden, dies aber auf der Basis gegenseitiger Missverständnisse. Die Situation selber gibt es oft nicht her, aus den Missverständnissen heraus zu etwas Tragendem zu kommen. Dazu müsste man die Bedingungen der Möglichkeiten für das Gelingen analysieren. Was sind die Bedingungen der Möglichkeit dieser temporären Gemeinsamkeit? Ich komme von hier, du kommst von da. Lässt sich das überhaupt in einen Zopf flechten, wo zwar jeder Strang bleibt, trotzdem aber auch ein gemeinsamer daraus entsteht? Das geschieht nicht oft.

*Wäre es nicht wichtig, über die Gefühle zu sprechen, die den Bedingun-*
*gen und somit dem Urteilen und Handeln zugrunde liegen, damit dies*
*öfter geschieht?*

So wie ich Sie verstanden habe, sind in der Rationalität des Ur-
teils, das sich sachlich gibt, Gefühle involviert, und deren Anwe-
senheit muss in Rechnung gestellt werden. Man muss sich ihrer
bewusst werden, um sie dann auch zuzulassen und nicht in diese
Dichotomisierung zu fallen: Können wir hier mal rational sein!

In meinem beruflichen Kontext würde dies oft nicht lebbar sein.
Zum Beispiel kann man auf keinen Fall sagen: Ich bin ja nur hier,
weil ich als Experte einen Lebensstandard haben kann, den mir
meine Berufsausbildung in keiner anderen Ecke der Welt liefert.
Ich bezeichne das als koloniale Lebensweise. Aus der afrikanischen
Sichtweise argumentiert, käme das allerdings so daher: Weil ich zu
meinem großen Ärger und aus tendenziellem Hass und Neid dich
jetzt nötig habe, deswegen bin ich jetzt freundlich. Das kann man
nicht auf den Tisch legen.

Im Bereich der Entwicklungszusammenarbeit geht es oft in gewisser Weise um Identitäten, wenn Überordnung und Unterordnung, Überlegenheit und Unterlegenheit verhandelt werden. Wer
darf wem auf die Schulter klatschen? Es ist klar, wer das darf. Das
darf ich als schwarze Person nur, wenn ich Weltbankdirektor bin
oder im Weltbankdirektorium. Ansonsten ist da ein Programm in
der schwarzen Hautfarbe festgelegt, das dies mit bedenkt. In diesem ganzen Handlungszusammenhang bin ich nicht sicher, dass
man als Apriori das Offenlegen des Bewussten und dann noch des
Geahnten setzen darf. Das hätte eine Sprengkraft, die die Situation zerstört. Es wäre eine extrem hohe Kunst, wenn man das in eine
handhabbare und lebbare Priorität der Dinge bringen könnte. Dass
man zum Beispiel sagt: Jetzt nehmen wir das erst einmal so hin.
Aber wenn hier ein bisschen Vertrauen geschaffen ist – auf welcher

Basis und wie instrumentell auch immer – dann, nehme ich mir vor, rollen wir das und das auf.

*Dennoch sind wir überzeugt, dass in positiven Gefühlen eine enorme Kraft für das Gelingen steckt.*

Ich glaube, Sie haben als jemand, die ihr Leben lang viel mit Musik zu tun hat, in diesem Handlungsbereich einen systematischen Vorteil, weil die Aktivität der künstlerischen Produktion Emotionen näher ist und den instrumentellen Umgang mit ihnen zulässt. Das Einfangen von Emotionalität scheint mir Teil des handwerklichen Vorgangs zu sein. Sowohl in den Berufsbereichen der Wissenschaft, der Entwicklungszusammenarbeit, der Sozialwissenschaften und der Naturwissenschaften, soweit ich sie kenne, ist die Handwerklichkeit ganz anders strukturiert. Sie hat sehr viel mehr mit Raushalten von Emotionalität, Dethematisieren, mit Gar-nicht-erst-Rangehen an die Gefühle zu tun.

*Gibt es im Bereich der Entwicklungszusammenarbeit nicht doch Momente von gelingender Beziehung? Wodurch könnten sie gefördert werden, wodurch werden sie verhindert?*

Das Entwicklungsgewerbe ist ganz stark in Communities organisiert. Eine absolut privilegierte Community ist die der sogenannten »Expats«.[48] Normalerweise leben sie in ihren weißen »Expat Communities« in abgestuften Graden privilegierter Sonderung, oder in sogenannten »Gated Communities« oder auch in Wohnvierteln, wo es vor Swimmingpools nur so wimmelt und wo es normal ist, Gärtner, Nannys etc. zu haben und wo man sich gegenseitig fortwährend einlädt. Der Drang und die Sehnsucht der Leute, die da arbeiten – das ist das Leben, das ich will, deswegen arbeite ich hier, oder auch der Pull, ich komme in ein Land in dem es Einladungen aus diesen Communities heraus hagelt – lässt notwendigerweise Kommunikationsformen entstehen, die ein »Wir« und »Die«

konstituieren. Und das »Wir« geht ganz schnell in die Richtung: Die Dienstboten sind nicht ordentlich, sie übervorteilen uns und überhaupt und immer ist unsere Sicherheit bedroht.

Es ist ganz schnell festzustellen, dass sich viele gefühlsmäßige Gründe akkumulieren: Entweder aus einem Gefühl der Unsicherheit heraus oder vielleicht auch aus dem Gefühl, ob das jetzt so ganz koscher ist, wie ich hier so a priori in eine Überlegenheitssituation reinkomme. Diese »Vorwärtsverteidigung« trägt sehr zur Sortierung der Kommunikation bei. Es ist eine Sortierung der Themen und es ist eine Sortierung der Kommunikationspartner. Zum Beispiel da, wo es gelingt, eine Ebene zu finden, auf der man sagt: Ich erkenne an, dass ich Orientierungsprobleme habe in deinem Land oder gerade Liebeskummer oder sonst irgendein Problem, und das diskutiere ich gerade nicht in meiner »Expat Community«, sondern du bist mir ein Diskussionspartner. Du bist mir ein Diskussionspartner, weil meine Verunsicherung und oder mein Kummer auch ein Orientierungsmoment mit deinem Land, deiner Gesellschaft enthält. Deshalb gebe ich mir jetzt Mühe, dir als Mensch zu begegnen, ungeachtet der verzerrenden Beziehungen, in denen wir stehen. Ich gebe mir jetzt Mühe, in dieser Problemlage zu verdeutlichen, dass mir deine Meinung, dein Rat, deine Empathie, deine Ablehnung und was immer deine Kritik ist, wichtig sind.

Meiner Erfahrung nach sind das ganz kostbare Momente des Gelingens. Es sind Momente, in denen die Vorstrukturen, die einen zueinandergebracht haben, die herrschaftliche Strukturen sind und Privilegien enthalten, über die menschliche Begegnung ein Stück weit ausgeräumt werden können.

*Wie leicht lässt sich so etwas verwirklichen und wie tragfähig sind diese Momente?*

Das ist meiner Wahrnehmung nach in unterschiedlichen Gesellschaften unterschiedlich leicht. Ich bin immer wieder entsetzt, festzustellen, dass Menschen 20 oder 30 Jahre in Afrika gearbeitet haben, fließend Kisuaheli sprechen, aber in ihrem Bekanntenkreis nicht einen afrikanischen Freund oder eine afrikanische Freundin haben. Erotische Beziehungen ausgenommen. In Lateinamerika ist das ganz anders. Die Chance, sich in Klassen und Bildungslagen zu begegnen, auch entspannt zu begegnen, ist viel größer. Von daher ist eine Langfristigkeit, die nicht von vornherein diese enorme Anstrengung des Zueinanderfindens enthält, ganz offenbar leichter möglich. Können diese Momente auch tragen? Ja, aber der Grad der Anstrengung, sie zum Tragen zu bringen, ist in unterschiedlichen Kontexten unterschiedlich groß.

*Wie wichtig ist in diesem Zusammenhang ein Vertrauensvorschuss?*

Ich glaube, die Rückseite von Vertrauensvorschuss, nämlich Risikobereitschaft, ist wichtig. Solange ich in meiner Community bleibe, hat das etwas mit Rückversicherung zu tun. Ich kann mir bestimmter Schlussfolgerungen, bestimmter »Wenn-dann« sicher sein. Wenn ich mich aber in den anderen Diskurskreis begebe, dann ist überhaupt nicht gesichert, dass bestimmte Reaktionen, mit denen ich vertrauensvoll gerechnet hatte, so eintreten. Da brauche ich schon Risikobereitschaft. Und die Bereitschaft, dann in diesem kühlen Windchen, diesem unvertrauten Gelände die Kommunikation aufrechtzuerhalten. Dies bedarf erst einmal einer Grundentscheidung, einer Grundbereitschaft.

*Welche Rolle spielt die Qualität der Beziehung in der Zusammenarbeit der Expertenteams?*

Das weiß ich nicht genau. Es gibt so etwas wie ein Betriebsklima und das hält eine Zeit lang. Es moderiert, es bändigt und legt entsprechende Disziplinen auf. Wenn ich in bestimmten Gutachterteams arbeite, bringe ich auch eine bestimmte Bereitschaft mit. Die hat mit Betriebsklima zu tun. Ich lade die Situation mit großer

Entschlossenheit so auf, dass es hier freundlich zugeht. Wenn das dann gelingt, ist es auch richtig schön.

Man befindet sich oft in enger Gemeinsamkeit: Man ist im selben Hotel und ein Rückzug wird ganz schnell als unhöflich verstanden oder negativ interpretiert. Man ist beim Abendbrot zusammen und bleibt es auch danach. Es ist notwendig, zu begründen, wenn man jetzt mal einen Spaziergang alleine machen möchte. Zudem geht es gar nicht immer, einen Spaziergang zu machen, weil es die Sicherheitssituation nicht erlaubt. Es handelt sich also um ein Management von Kooperation, das ich aber nicht von vornherein als »kaltes« Management bezeichnen könnte. Es gibt diese professionelle Entschlossenheit, jetzt hier als Team gut und auch menschlich akzeptabel zu arbeiten.

*Reicht ein Gruppenmitglied, um diese Bereitschaft einzubringen, oder bedarf es da zumindest zweier oder mehrerer Verbündeter?*

Man kann gnadenlos auflaufen, wenn andere diese Bereitschaft nicht mittragen. Ich reichere das jetzt einmal mit einer Anekdote an: Ich erinnere mich an eine Evaluierung, bei der ich, was ich nicht wusste, das neutrale Feigenblatt war. Ein wunderschönes Projekt. Ich habe es immer wieder belobigt. Es wurde von einer Gruppe, bestehend aus Projektleiter, rein- und rausfliegenden Experten und einigen wenigen Leuten der Stadtverwaltung, in der das Projekt angesiedelt war, vor den Mechanismen der Entwicklungszusammenarbeit – einem sehr komplexen Vorgang – geschützt durch große Kameraderie. Jetzt musste das Projekt evaluiert werden und es war klar, dass das jemand von außen tun musste. Dazu bin ich dann aufgefordert worden. Ich bin aber von vornherein an der Geschlossenheit dieser Gruppe mit meinen Freundlichkeitsanrufen aufgelaufen, weil sie in einer Schutzhaltung war: Sie hatte doch gerade die Richtlinien für das Projekt so günstig hingebogen, damit das Projekt gut laufen konnte, was es auch tat. Ich aber musste in meiner Tätigkeit als Gutachterin das Regelsystem gegen die Realität der »Trampelpfade« des Projekts vertreten. Daher waren die Beobachtungselemente und Grenzziehungen gegen mich sehr groß. Mir wurde quasi unterstellt, dass ich möglicherweise diejenige bin, die hier jetzt meint, professionelle Standards einführen und deswegen partout dies und jenes infrage stellen zu müssen. Das war schwierig. Gegen eine ganz anders gestrickte Gruppe kommen Sie gar nicht an.

Reicht ein Gruppenmitglied, um die Bereitschaft zum Gelingen einzubringen? Sie sind auf Ihr Gegenüber angewiesen. Ich bin nicht sicher, dass eine ganze Gruppe, sei es ein Vierer- oder Fünferteam, gleichermaßen mitziehen muss. Man kann einige mitnehmen. Auf was ich aber eigentlich systematisch hinauswollte, ist, dass die Abwesenheit von Ehrlichkeit, wie das in der eben geschilderten Situation der Fall war, dass diese Abwesenheit der Ehrlichkeit die Bedingung des Gelingens der zur Debatte anstehenden Angelegenheit sein kann. Das ist einfach ganz schwer auszubalancieren.

*Wenn Sie an Ihre Arbeit zurückdenken, an welche Momente gelingender Beziehung erinnern Sie sich gern? Wodurch wurden sie ausgelöst?*

Vielleicht spreche ich jetzt einmal über persönliche Lebenszusammenhänge und nicht primär über Arbeit und Projekte. Da fallen mir schöne Beispiele unterschiedlicher Art ein und es geht um Momente, das ist völlig richtig.

Als ich für Jahre in Jamaika gearbeitet habe, fällte ich für mich die Entscheidung, nicht in der sehr einladenden »Expat Community« leben zu wollen. Dies auf der Kehrseite von erheblicher Einsamkeit, weil sich eine andere Community nicht schnell anbietet, wenn man als Weiße herumläuft. Für mich haben sich über die Musik Anschlüsse ergeben. Einerseits über die Musik und andererseits über den Grundkonsens des Einanderanerkennens. Den kann man politischen, gesellschaftlichen oder Zielkonsens nennen. Er umreißt, wie das Leben so organisiert sein sollte. In beiden Communities oder »Subcommunities« habe ich festgestellt, dass es Momente der Zuwendung und der wechselseitigen Anerkennung als Mensch gab, und zwar genau dann, wenn ich meine Verwirrung über die Frage des »Wohin« oder über die Situation des »in Armut Überlebens« mit Leuten diskutiert habe. Diese Momente haben die Rollenzuweisung über die Situation, über die ich in das Land gekommen bin und über die sie mich kennengelernt haben, ein wenig zur Seite gedrängt. Diese Verdrängung war allerdings nie dauerhaft. Die ursprüngliche Rollenzuweisung bleibt immer ein zu bearbeitender Gegenstand. Es sind aber Gestaltungsräume von großer Freude und Glück möglich. Diese mussten immer abgesichert, immer wieder erneuert werden, aber sie waren da.

*Gibt es noch andere Begebenheiten, die besonders nachklingen?*

Ein ganz anderes Beispiel von 1986. Das weiß ich so genau, weil ich an der Grenze zwischen Afghanistan und Pakistan die Nachricht von Tschernobyl aus einem Transistorradio erfahren habe. Noch in Jamaika bekam ich einen Auftrag zur Evaluierung im Norden Pakistans und flog über Frankfurt dort hin. Das war die Zeit, in der die amerikanische Regierung noch hinter Gaddafi herschoss. Es war also alles ein bisschen prekär. Ich kam im Norden Pakistans an und der Evaluierungsworkshop fand gleich statt. Wegen einer Augenentzündung, die ich mir auf den langen Flügen zugezogen hatte, saß ich mit einem riesigen Augenverband im Workshop. Ich wollte unbedingt meine Arbeit machen. Ein schebbes Auge war ja nicht so wild. So saß ich da in gewisser Weise vermummt.

Das war ein ganz wichtiger Punkt des »Kleinmachens«, der Diminuierung. Vor diesem Hintergrund sprachen mich die Frauen an, die gleichsam obligat in diesen völlig männerdominierten Workshop mit reingesetzt worden waren. Sie fragten mich, wie es mir denn ginge und was das mit meinem Auge wäre und ob ich denn

Lust hätte, etwas mit ihnen zu unternehmen. Und dann haben sie mich adoptiert und mich jeden Tag – es war ein 14-tägiger Workshop – um vier Uhr abgeholt. Sie haben mich quasi reklamiert mit der Folge, dass ich in dem Team als super integriert galt.

Die Frauen haben mir einerseits in wunderbarer Weise Bereiche aufgetan, die mich an Grenzen gebracht haben, wie beispielsweise eine paschtunische Hochzeit. Zur gleichen Zeit haben sie mich, positiv ausgedrückt, benutzt, um sich über fremde Welten und das Leben dort zu informieren. Das waren ganz wunderbare Gespräche, die möglich waren auf dem Hintergrund meiner Reduziertheit. Unser gemeinsames Programm war: Wir machen es uns schön und wir lernen uns gegenseitig kennen. Es wurde über Sexualität gesprochen, ich wurde in die Häuser der Frauen eingeladen, die in der Tat eine zum Teil enorm orientalisch-erotische Ausstrahlung hatten, was sie auch sehr gut wussten. Auf vorsichtige Weise kamen dann an manchen Nachmittagen und Abenden die Männer mit zum Gespräch, die dann ganz persönliche Sachen wissen wollten. Auch das war respektvoll, explorierend, mit einer Mischung aus Risiko und Vertrauen. Ich habe diese Situation als eine gleichsam entgrenzte, einer territorialen Zuordnung entgrenzte Begegnung von Menschen empfunden. Die Frauen waren sehr weise und sagten mir vor meiner Abreise: Eigentlich sei ich ja wirklich ein liebenswerter Mensch, ein Jammer aber, dass ich nicht Muslima sei. Das hat dann wieder eine Grenze markiert, aber sie haben diese Grenze so liebevoll ausgedrückt. Außerdem waren sie sich ganz sicher, dass sie mir das bei irgendeinem nächsten Mal auch noch beibringen würden.

Jetzt schildere ich noch eine andere Situation, in der mein »Kleinmachen« je nach Kontext zu einer gelingenden oder misslingenden Beziehung führen konnte. Dadurch wird klar, dass solch eine Diminuierung ein Gelegenheitsfenster in die eine oder andere Richtung sein kann.

Mein Französisch ist nicht so flott wie mein Englisch. Wenn ich in einem französischsprachigen Land in einem Dorf oder Stadtteil herumgeführt werde und etwas auf Französisch erzählen muss, weil ich die lokale Sprache nicht beherrsche, und dann vielleicht Fehler mache, dann ist das wie mein Pflaster auf dem Auge. Es macht mich ein Stück kleiner und dann kann ich mit jedem ganz gut reden. Das ist so eine Bedingung. Mit der kann ich dann arbeiten. Ich kann feststellen: Jetzt bin ich euch ein bisschen näher, denn ihr habt einen komischen Akzent und auch ich habe einen komischen Akzent. Wenn ich dann aber auf einer Ebene höher bei dem Treffen inhaltlich etwas sage, dann kann es sein, dass die Großkopferten aus dem Ort oder vom Ministerium an einem gewissen Punkt ganz gnadenlos zuschlagen und sagen: Es könne ja sehr wohl sein, dass ich das nicht richtig verstanden habe. Mein schwaches Französisch wird dann auch wirklich zur Schwäche, die mich tendenziell zum Opfer macht.

Dieselbe Bedingung wird im jeweiligen Kontext, den ich nicht kontrollieren und beeinflussen kann, entweder zur Chance oder zum Handicap. Gemäß dieser Situation kann und muss ich mich dann verhalten.

*Wo sind Sie in Ihrer Arbeit an klare Grenzen gestoßen?*

Es gab Einladungen und persönliche Begegnungen, die mir klare Grenzen aufgezeigt haben, die nicht mehr kommunizierbar waren. Bei der Paschtunen-Hochzeit in Belutschistan im Norden Pakistans zum Beispiel, zu der mich die mir so freundschaftlich begegnenden Frauen einluden. Es war die Hochzeit eines Mannes um die 35 mit seiner zweiten Frau. Ich hatte als Gast das Gastrecht, den Schleier zu heben und sah in diesem Moment in die entsetzten, tränenvollen Augen eines pickeligen, verschreckten Mädels. Das war hart. Ich wollte es nicht, aber ich musste es tun, denn ich konnte die anderen, die mich eingeladen hatten, nicht so stehen lassen. Das war ein voller Kulturclash und über diesen Kulturclash konnte ich nicht mehr reden. Das hätte niemand verstanden.

Noch eine Hochzeit in einem Flüchtlingslager in Somalia: Frauen sind da ja in dieser pharaonischen Weise genital verstümmelt und werden vor der Hochzeitsnacht aufgeschnitten. Das ist so grauenvoll, was da auf sie zukommt. Die Frau, ein einziger Schauplatz des Schmerzes. Und drumherum feiert alles. Die verstörte, verängstigte Person da zu sehen, das war so grauenvoll. Da gibt es kein kommunikatives Miteinanderbearbeiten.

*Wie kann man diesen kulturellen, für uns häufig nicht nachvollziehbaren Unterschieden begegnen?*

Ein Aspekt ist, die Herkünfte, die Gewordenheiten mit in die Wahrnehmung der Situation reinzunehmen. Das ermöglicht eine Form des Respekts. »Ich sehe das so. Warum siehst du das so?« Ich bin mir durch die Studierenden mit ihrer generationsgeprägten ganz eigenen Sichtweise dieser Kontrastierung sehr bewusst. Mein Verständnis von Menschenrecht ist stark christlich geprägt. Ich gehöre keiner Kirche mehr an und trotzdem bin ich mir darüber klar, da stecken deutlich christliche Spuren drin. Da steckt eine Vorstellung von Naturrecht drin, da spuken irgendwelche Kirchenväter herum, die ich einmal gelesen habe, und dann ist der Kant noch mal rübergegangen und das Ganze ist irgendwie bei mir gelandet und hat sich mit Elementen von sozialer Gerechtigkeit und, und, und gemischt. Dazu kommt dann auch noch Luther.

Andere Menschen haben völlig andere Gewordenheiten und Prägungen. Sie leben in ganz anderen kulturellen Kontexten mit ganz anderen Empfindungen was Individualität, Gemeinschaft und Gesellschaft betrifft. Auch von so anderer Kraft, was die Möglichkeit und Fähigkeit betrifft, sich von den Vordefinitionen der Gemeinschaft, Gesellschaft und Familie zu entfernen. Ich finde es hilfreich, ein Stück weit aus der Situation heraustretend zu sagen, dies – was wir hier gemeinsam oder an Dissens haben – hat seine Bedingungen der Möglichkeiten. Und eine Bedingung ist die biografische, gesellschaftliche Gewordenheit eines Menschen. Das moderiert die Neigung, gleich mit Urteilen zu kommen.

*Kommen wir noch einmal auf strukturelle und organisatorische Aspekte im Bereich der Entwicklungsarbeit zurück. Um Momente gelingender Beziehung zu ermöglichen, ist es unseres Erachtens wichtig, Bedürfnisse und Wünsche zweier Parteien sinnvoll in Balance zu bringen. Wie geschieht das in Projektzusammenhängen?*

Es ist immer wieder die Frage, ob das Angebot, das von den sogenannten Geberländern, und der Bedarf, der aus den Entwicklungsländern kommt, etwas miteinander zu tun haben. Ich habe die siebzehnjährige Tätigkeit des Deutschen Entwicklungsdienstes in Jamaika evaluiert und in einem langen Diskussionsprozess auf unterschiedlichen Regierungs- und Organisationsebenen diskutiert. Es gab ein interessantes Ergebnis: Das, was die entsendende Organisation als nicht gelungenes Projekt sah – weil alle möglichen Mittel entfremdet wurden, weil die falschen Sachen angefordert wurden, weil es keine erkennbaren Wirkungen hinterließ – war für die Entwicklungsländer oftmals durchaus gelungen. Sie sagten, das, was wir wirklich brauchen, gebt ihr uns ja nicht. Was wir wirklich brauchen, sind andere politische Entscheidungen auf der Ebene des Handels, also Großentscheidungen. Wo immer die Gremien sind, da sitzen eure Leute und entscheiden XYZ. Unter den Bedingungen von XYZ bekommen wir aber nicht, was wir wollen. Ihr bietet uns etwas ganz anderes an. Klar holen wir uns dann daraus, was wir brauchen. Zum Beispiel: Da ist jemand gekommen und hat ein Auto mitgebracht. Ein Auto brauchen wir immer. Dann ist jemand gekommen und hat Computer mitgebracht, damit er arbeiten kann. Die Computer können wir auch dann noch brauchen, wenn ihr wieder weg seid. Wir reparieren sie schon oder kriegen neue. Eine Person, einen Experten hätten wir dazu überhaupt nicht gebraucht, denn wir haben viele gute Leute. Aber bitte, ihr gebt es ja nicht ohne, also nehmen wir den auch noch in Kauf. Das Gesamtprojekt war für uns gar nicht so sinnvoll, aber Einzelnes davon ist für uns sehr sinnvoll. Insofern war das Projekt für uns ganz gelungen.

*Eine wesentliche Bedingung für gelingende Beziehungen wäre doch, Angebot und Nachfrage so anzunähern, dass es für beide Seiten befriedigend ist.*

Das meine ich eben. Das sind Bedingungen der Möglichkeit. Ich habe aus dieser Missbalance für mich persönlich die Konsequenz gezogen. Ich arbeite nicht mehr in der Verwaltung und leite keinen Projektzusammenhang mehr. Unter diesen Bedingungen, die wir immer noch haben, sehe ich das, was ich für menschenwürdige gelingende soziale Entwicklungen halte, von den Bedingungen systematisch unterhöhlt. Was ich lieber mache, ist einerseits, mehr darüber nachzudenken und die Erkenntnisse in meine Lehre einfließen zu lassen. Andererseits arbeite ich punktuell als unabhängige Gutachterin. Ich kann den Gesamtzusammenhang dann zwar nicht beeinflussen, aber das kann ich als Rädchen in so einem Gefüge sowieso nicht. Ich kann in begrenztem Ausmaß ein Stück weit Einblick nehmen und es ist erstaunlich, welchen Einblick man als Gutachterin bekommen kann. Mit diesem Einblick kann ich dann – so oder so – meine kritische Position begründen und das ist der Beitrag den ich leisten kann, ohne mich systematisch zu verbiegen.

*Was löst der Begriff »Momente gelingender Beziehung« spontan bei Ihnen aus?*

Sternschnuppe. Eine Glücksintensität, die nicht auf Dauer bestellt sein kann. Etwas sehr Kostbares. Es setzt Bedingungen der Möglichkeiten voraus, damit es überhaupt entstehen kann. Und es ist wert, dass man darüber nachdenkt, wie es zum treibenden Moment, zum treibenden Element werden kann, obwohl es nur ein Moment ist. Freud sagte einmal so schön: Alle Suche nach dem Glück ist die Suche nach der Wiederkehr des Kinderglücks. Da scheint etwas auf, was im positiven Sinne süchtig macht. Da stellt sich doch die Frage: Wie kann ich es mit den anderen in dieser sozialen Situation bewerkstelligen, dass es wieder und häufiger gelingt?

# DREI

# MUSIK UND MOMENTE GELINGENDER BEZIEHUNG

*Gespräche mit Gino Romero Ramirez, Magdalena Abrams und Eindrücke aus dem »West-Eastern Divan Orchestra«*

*Beim Musikmachen muss man aufeinander hören, man schafft gemeinsam etwas, was mehr ist als das, was der Einzelne kann. Allein das sorgt schon für eine aufmerksame Beziehung. Und was dabei herauskommt, erzeugt Gefühle, eine Ästhetik und eine Form.*[49]

## ZUR BEDEUTUNG GEMEINSAMEN MUSIZIERENS

In der Einleitung haben wir auf einen Bereich des gemeinsamen Handelns verwiesen, in dem Momente gelingender Beziehung besonders zum Tragen kommen: Das miteinander Musizieren. Er gilt uns als »Modellbereich« der Gestaltung von Momenten gelingender Beziehung. Wir haben während eines langen Zeitraums an der Hochschule für Musik und Theater in Hamburg eine Vielzahl künstlerisch-wissenschaftlicher Projekte und Veranstaltungen konzipiert und durchgeführt. Es ging dabei um öffentliche interdisziplinäre Vortragsabende, Ringvorlesungen und aktuelle Komponistinnenporträts, die ihre Lebendigkeit u. a. der Verbindung von Wissenschaft mit Musik verdankten. Jeder Vortrag wurde musikalisch gerahmt und gespiegelt, jedes musikalische Porträt zeit- und sozialgeschichtlich reflektiert. Die Atmosphäre dieser Veranstaltungen wurde durch viele Momente gelingender Beziehung zwischen den Beitragenden und dem Publikum geprägt. Seither hat uns die Frage nicht mehr losgelassen, ob musikalische Beiträge sowie das Miteinandermusizieren ein besonderes Klima der Beziehungskultur schaffen können.

Was bedeutet es eigentlich, gemeinsam lustvoll und motiviert zu musizieren? Im Idealfall nehmen sich die Mitspielenden gegenseitig wahr und bringen Offenheit und Bereitschaft mit, sich in den Prozess des Gestaltens zu begeben. Das Bemühen um gemeinsamen Ausdruck, dieser intensive »Fühl-Denk-Prozess«, setzt Anerkennung und Wertschätzung, Empathie und Vertrauen voraus. Darüber hinaus ist Dialogbereitschaft gefragt. Sind diese Einstellungen der Musizierenden vorhanden, können sie sich beim Zuhören auf ein offenes Publikum übertragen und die Kommunikation fördern.

Fragt man jedoch Musikerinnen und Musiker, welche Fähigkeiten für das Musizieren besonders wichtig sind, werden sie primär instrumentale Fertigkeiten und musikalisch-technische Kompetenzen nennen. Selbstverständlich sind das wichtige Grundlagen. Aber sind sie letztlich ausschlaggebend für die Freude am gemeinsamen Musikmachen? Ungeübte Anfänger, von Kindern bis zu Erwachsenen, können trotz geringer instrumentaler Fertigkeiten große Lust am Miteinandermusizieren haben, wenn die Atmosphäre »stimmt«. Neben den zu erlernenden und zu übenden technischen Fähigkeiten scheinen die eben genannten Beispiele positiver Einstellungen eine große Rolle zu spielen. Zusammen ein Klangerlebnis zu schaffen gelingt wesentlich besser in einer Atmosphäre der Anerkennung, Offenheit und Zugewandtheit als unter Leistungsdruck, Versagensangst und Konkurrenzstreben.

Von unseren Gesprächspartnerinnen und Gesprächspartnern im zweiten Kapitel dieses Buches wurden positive Einstellungen und Haltungen als Voraussetzungen für Momente gelingender Beziehung genannt. Dies sind auch die Voraussetzungen für geglücktes gemeinsames Gestalten und Erleben von Musik.

Beispielhaft greifen wir noch einmal die vier wichtigsten Aspekte heraus, die Jesper Juul in unserem Gespräch als Voraussetzungen für Momente gelingender Beziehung genannt hat[50] und stellen diese mit Worten Daniel Barenboims zur Musik in Beziehung.[51]

### Gleichwürdigkeit

*Wahres Anerkennen (...) bedeutet, die Andersartigkeit eines Mitmenschen zu akzeptieren und seine Würde nicht zu verletzen. Dass so etwas möglich ist, wird in der Musik von kontrapunktisch aufeinander bezogenen Stimmen oder von der Vielstimmigkeit, der Polyphonie, gezeigt.*

### Integrität

*In der Musik können sich zwei Stimmen gleichzeitig artikulieren und alles ausdrücken, was sie ausdrücken wollen, und dabei doch der jeweils anderen zuhören.*

### Verantwortung

*Die Hierarchie, die jeglicher Musik innewohnt, lässt die Individualität jeder Stimme unberührt, und wenn auch nicht jede von ihnen das gleiche Recht haben mag wie alle anderen, trägt sie doch das gleiche Maß an Verantwortung.*

### Authentizität

*In der Musik kann man nicht emotional im Ausdruck sein, wenn man nicht »verstanden« hat, auf der anderen Seite kann man sich nicht rational mit ihr auseinandersetzen, wenn man sie nicht in sich fühlt.*

Wir sind der Überzeugung, dass gemeinsames Musizieren, vom elementaren Ausüben bis zum professionellen Niveau, eine besondere Möglichkeit bietet, Momente gelingender Beziehung zu erleben – sogar wiederholt und häufig zu erfahren. Drei Beispiele leiten uns auf der Spurensuche nach diesen Bedingungen der Möglichkeit.

## »DIE SEELE UND DAS HERZ SIND DABEI, DAS IST DAS ENTSCHEIDENDE!«
### GINO ROMERO RAMIREZ
### (GEIGENKLASSEN AUF ST. PAULI, HAMBURG)

*Jeder will schließlich etwas zeigen und*
*ich will jedem etwas geben.*[52]

Gino Romero Ramirez, 1961 in Kolumbien geboren, studierte zunächst Musikpädagogik und Violine in Bogotá. Er war dort als Orchestermusiker tätig und gründete darüber hinaus ein Musikensemble mit benachteiligten Kindern. Mit 21 Jahren kam er nach Deutschland und studierte Komposition und Musiktheorie an der Hochschule für Musik und Theater Hamburg. Seit 1997 arbeitet Gino Romero Ramirez als Geigenlehrer an der Louise-Schroeder-Grundschule im Hamburger Stadtteil St. Pauli. Hier initiierte er ein außergewöhnliches Projekt mit Geigenklassen, an dem inzwischen Hunderte Schülerinnen und Schüler teilgenommen haben. Durch seine musikalischen Auftritte und den 2012 erschienenen Dokumentarfilm »20 Geigen auf St. Pauli«[53], ist dieses Projekt weit über Hamburgs Grenzen hinaus bekannt geworden.

*Wir haben den Film »20 Geigen auf St. Pauli« gesehen und gleich nach dem Film war uns klar, mit Ihnen müssen wir sprechen. Wie schafft er es bloß, diese unterschiedlichen Kinder so für das gemeinsame Musizieren zu begeistern? Das sieht nach vielen Momenten gelingender Beziehung aus. Um es noch einmal deutlich zu machen: Es geht uns nicht um gelingende Beziehungen, sondern um Momente gelingender Beziehung.*

Von gelingenden Beziehungen zu sprechen wäre auch zu idealistisch.

*Gleich in medias res: Lassen sich Fühlen und Denken trennen?*

Nein, die gehören zusammen. In der Musik ist die Energie des Gefühls sogar besonders präsent. Davon bin ich fest überzeugt. Ich habe so oft in meinem Leben erlebt, wie sehr das Gefühl alles öffnet. Wie sehr in ganzen Klassen dadurch die Überzeugung entsteht: Was können wir doch alles Schönes gemeinsam machen. Und dann geht die Unsicherheit weg und es ist plötzlich alles leichter, ohne dass man fragt, woher es kommt. Man muss gar nicht viel reden. Es geht über das gemeinsame Tun, über das gemeinsame Musikmachen, über das Ausprobieren. Einfach dieses Annehmen über das Gefühl. Und das geht in den Körper, in den Ausdruck, in den Ton.

*»20 Geigen auf St. Pauli« – inzwischen sind es ja weit über 100 Kinder, die Sie im Klassenverband mit der Geige unterrichten. Welche Voraussetzungen müssen gegeben sein, damit Momente gelingender Beziehung in Ihren Geigenklassen entstehen?*

Man muss die Kinder lieben. Das ist eine wichtige Voraussetzung. Man muss Begeisterung mitbringen, abwarten können und die Überzeugung haben, dass es sich lohnt. Dass am Ende etwas Gutes dabei herauskommt.

Ich wohne ja in St. Pauli und kann vieles aus der Welt der Kinder nachvollziehen. Zum großen Teil kommen sie aus Migrantenfamilien. Manche von ihnen haben es wirklich nicht leicht, auch in der Schule nicht. Ich weiß darum. Als ich vor 30 Jahren nach Deutschland kam, konnte ich kein Wort Deutsch und ich kannte keinen Menschen. Ich habe mich so gefreut herzukommen und alles kennenzulernen. Oft ist es immer noch wie am Anfang, als ich alles neu fand. Vielleicht schafft diese Erfahrung Nähe zu den Kindern. Die Kinder sind mir sehr vertraut und egal, was ist, ich bin da. Es ist ganz wichtig, die Tür immer offen zu lassen. So habe ich das ja auch in meiner Kindheit in Kolumbien erlebt.

*Woher nehmen Sie Ihre Geduld dazu?*

Vielleicht hängt das mit meiner Kindheit zusammen. Bei uns in Cartagena war das Haus immer voll. Es war zwar sehr chaotisch, aber auch sehr lustig, und ich war nie allein. Ich glaube, ein Projekt mit so vielen unterschiedlichen Kindern geht nur, wenn man viel Freude hat. Und ich bekomme auch viel Freude zurück. Zum Beispiel wenn ein Junge sein Lied »geknackt hat«, wenn er es spielen kann. Diese Freude! Das kann man gar nicht beschreiben.

*Freuen sich die anderen Kinder mit?*

Oft entwickelt sich in der Klasse ein Gefühl der Zusammengehörigkeit. Die ganze Klasse kommt zwar nicht immer mit, aber die anderen freuen sich total, wenn jemandem etwas gut gelungen ist. Sie rufen dann oft: Bravo! Es ist wirklich schön, wenn sie sich mitfreuen.

*Entsteht Gemeinschaft durchs Musikmachen?*

Ja, ganz bestimmt. An meiner Schule gibt es Kinder mit sehr unterschiedlichem Migrationshintergrund, von reich bis sehr arm. Auch einige mit Behinderungen sind dabei. Sie alle wachsen durch das Musikmachen zusammen. Das gemeinsame Üben, die Vorbereitung auf die ersten Auftritte, die ganze Aufregung vor dem ersten Konzert, das gemeinsame Zittern. Das sind Erlebnisse, die sie zusammenwachsen lassen. Inzwischen sind es schon sehr viele Kinder, auch ehemalige Schüler, die freiwillig am Freitagnachmittag zum Orchester und zum Chor zusammenkommen.

*Freiwillig?*

Ja klar, freiwillig. Am Freitag kommen außerhalb der Schulstunden große und kleine, jüngere und ältere Kinder zum Musizieren zusammen. Man spürt diese Lust, diese Gemeinsamkeit. Das ist wunderschön und freut mich riesig. Ich mag die Kinder, sie sind so nett, alle auf ihre eigene Art. Sie haben etwas Originelles, sind oft lustig, ehrlich und direkt.

Mir kommt da zum Beispiel ein kleiner Junge in den Sinn, der völlig verträumt ist. Sehr musikalisch, aber eine Null in den anderen Fächern. Die Eltern haben keine Ahnung von Musik. Er spielt aber so gerne und mit einem sehr schönen Ton. Letzte Woche haben wir in der Schule einen »Geigenführerschein« eingeführt. Da gibt es kleine sogenannte Prüfungen. In der Prüfung munterte ich ihn dann auf: »Nein, mach das noch einmal, ja besser, super.« Er wurde immer besser und sein Ton immer sauberer und schöner. Das ist eine tolle Erfahrung. Er hat sich stark verwandelt und auch einen anderen Blick bekommen.

*Das klingt nach Stärkung von Vertrauen und Selbstvertrauen.*

Das passiert gegenseitig. Die Kinder gehen mit großer Liebe ran und das macht mich wiederum glücklich. Sie sind äußerst motiviert. Der ganze Kurs will doppelt so viel leisten. Wir haben nur eine Stunde Zeit, aber sie wollen immer mehr. Und dann entstehen manchmal diese gewissen Momente, mit denen man vorher nicht gerechnet hat und die von den Kindern ausgehen. Eine Reaktion wie ein Wunder: »Wow, das habe ich – ich gemacht?«

Es gibt auch Momente, wo ich schlecht drauf bin, und dann sagen die Kinder: »Gino, ganz ruhig.« Sie beruhigen mich dann. Sie haben keine Angst vor mir. Sie wissen, weshalb sie das machen. Ich bin geduldig, und sie sind auch geduldig.

*In dem Film »20 Geigen auf St. Pauli« hat uns beeindruckt, dass in Ihrem Unterricht wenig über Druck läuft. Schulen und Musikhochschulen funktionieren häufig über Leistungsdruck, manchmal sogar Angst. Und bei Ihnen hören wir heraus, dass keine Angst, kein Druck da ist.*

Das ist ganz wichtig. Ich hole allerdings so lange wie möglich das Beste aus den Kindern heraus. Sie wissen, wenn ich skeptisch schaue, heißt das: Bitte noch besser. Aber wenn es jetzt nicht wird, dann wird es eben morgen. Manche der Kinder haben ja von zu Hause schon genug Druck und müssen alles richtig machen. Es ist doch kein Problem, wenn es nicht gleich klappt. Dann klappt es eben morgen. Hat man erst einmal Vertrauen aufgebaut, kann man viel mehr erreichen.

*Wie hat dieses Projekt »20 Geigen auf St. Pauli« angefangen?*
Ich bin nun seit 16 Jahren im Hamburger Stadtteil Altona. Zuerst habe ich den Chor an der Schule aufgebaut, später dann mit Trommelklassen begonnen. Das hat viel Spaß gemacht und mich sehr erfüllt. Dann bin ich auf die Idee mit den Geigenklassen gekommen. Das war mutig mit 20 Geigen. Zwei Jahre haben wir mit geteilter Klasse jeweils eine halbe Schulstunde gespielt. Das war nicht immer einfach. Aber ich mochte die Stimmung der Kinder. Wahrscheinlich bin ich selbst ein bisschen kindlich. Ich war immer gerne da und habe viel mit den Kindern gelacht.

*Wenn ich so etwas an meiner Schule machen wollte, welche Voraussetzungen müsste ich mitbringen?*
Wie schon gesagt, ich glaube, das Wichtigste ist, dass man die Kinder liebt. Und man muss auch selbst ein bisschen Kind sein. Dann ist Offenheit ganz wichtig und Interesse für die Musik, die die Kinder interessiert. Außerdem dafür, was sie so alles wahrnehmen. Es kommt aber auch immer auf die Situation an. Die ist ja immer wieder anders. Sie hängt von den Menschen, von der Zusammenstellung der Gruppe und von der Dynamik der Gruppe ab. Humor gehört auch dazu. Wir lachen uns manchmal kaputt.

*Sie arbeiten anscheinend mit viel Respekt. Trauen Sie den Kindern zu, dass sie schaffen, was Sie von ihnen fordern?*
Ja. Ich merke den kleinsten Erfolg. Den musst du sofort zurück-

spiegeln. Sofort! Das Kind wartet auf dieses Lob. Diesen kleinen Fortschritt musst du immer gleich bemerken. Das macht unglaublich viel aus für die Motivation. Erst einmal sage ich den Kindern, was ich gut finde, und dann, was ich nicht gut finde. Später, wenn sie mehr Vertrauen zu sich bekommen, mache ich das mit Blicken. Dann sind sie lustig und meckern nicht. Auch von den Kindern in der Gruppe kommt gegenseitiges Lob: »Thomas, das war gut.«

*Die Kinder ernst nehmen und trotzdem das Spielerische zulassen?*

Auf jeden Fall. Das Spielerische ist für mich ein wichtiges Thema. Ich habe ja selbst keine Kinder. Aber ich habe dieses Geschenk von den Kindern, mit ihnen ihre Kindheit teilen zu können. Das ist schön. Es bringt mir so viel Freude, so viel Neues an Anregungen und es erdet mich. Es ist ein richtiges Geschenk, denn ich habe doch viel vergessen davon, wie ich früher als Kind war.

*Ein schöner Gedanke, an ihrer Kindheit teilnehmen zu können.*

Es geht bei mir ja vor allem auch um die Vorschul- und Grundschulzeit. Und da sind die Kinder häufig sehr zugewandt. Da kommt zum Beispiel ein kleines Mädchen aus der Vorschulgruppe und sagt: »Du kennst auch meine Schwester.« Das ist schön, weil sich da ein neuer kleiner Mensch entwickelt mit einem anderen Charakter und du bist dabei.

*Und die Kraft dazu, woher nehmen Sie die?*

Die bekomme ich von den Kindern. Das Problem sind meist nicht die Kinder. Das Problem sind häufig die Eltern. Manche Eltern sind so ehrgeizig, dass sie den Kindern Druck machen, und ich muss den dann kompensieren. Oder manche Eltern wissen gar nicht, was für musikalische Kinder sie haben. Ich habe beispielsweise einen Jungen, der sehr schön Geige spielt. Er muss die Eltern aber immer fragen, ob er üben darf, denn sie haben davon keine Ahnung. Die

Mutter sagt ihm sogar: »Du wirst kein Geiger, das ist ein Zigeunerberuf.« Andererseits gibt es aber auch Familien, wo die Eltern Musiker sind und ihre Kinder nicht in Ruhe lassen. Zum Beispiel gibt es eine Mutter, die Berufsmusikerin ist und zu wissen glaubt, wie das ablaufen sollte.

*Ein besonderer Höhepunkt des gemeinsamen Musikmachens sind Ihre öffentlichen Auftritte. Wie läuft das ab und wie reagieren die Eltern darauf?*

Ich erzähl mal von einem riesigen Auftritt im letzten Jahr. Es war der »Tag der Musik« auf dem Fischmarkt. Ich habe ihn organisiert mit allen meinen Schülern. Da waren ungefähr 250 Kinder aus meiner Gruppe. Es war schon ein bisschen irre. Manche Eltern sahen und hörten ihre Kinder da zum ersten Mal. Das ist oft lustig, denn die meisten Kinder üben nicht viel, und manche Eltern kriegen gar nicht mit, was ihre Kinder bereits können.

*Das heißt, manche Eltern wissen gar nicht, was ihre Kinder so machen?*

Manche nicht, manche ja, es gibt da eine breite Palette. Ich war sehr aufgeregt, wie das alles ausgeht, aber letztlich hatte ich ein gutes Gefühl, weil alles klappte. Es war an einem Samstag und das Konzert begann um 13 Uhr. Bereits um zehn Uhr kamen die ersten Kinder: »Komm, Gino, lass uns stimmen.« Also haben wir gestimmt und uns ein bisschen eingespielt. Dann kamen immer mehr Kinder und am Ende war der ganze Platz voll. Das war wunderschön. Ich sah all die Eltern und die Kinder, die ganz Kleinen neben den ganz Großen, wie eine riesige Familie. Und es kamen Mütter, auch manche Väter, um mir zu sagen: Jetzt weiß ich, wie wichtig das ist. Klar, es war ja auch »bedeutsam«, denn der NDR war mit einem Übertragungswagen da und ich habe mit denen ja auch gesprochen.

*Gab es Reaktionen von Eltern, die Sie so nicht erwartet hatten?*

Zum Beispiel bei einem Jungen, dessen Eltern ganz einfache Leute sind und sich mit Musik nicht auskennen. Er übt sehr viel und wollte unbedingt bei »Jugend musiziert« mitmachen, was ich eigentlich nicht wollte. Aber bitte. Er war in seiner Altersgruppe im Westteil von Hamburg eingeteilt, wo viele Kinder aus dem wohlhabenden Blankenese kommen. Er meinte, das sei ihm egal, er wolle nur mitmachen, um ein bisschen Erfahrung zu sammeln. Und er hat richtig geübt. Zum Wettbewerb kam dann sein Vater mit, der zwar grundsätzlich zu seinem Sohn steht, aber keine Ahnung von Musik hat. Dort hat der Vater auch die anderen Kinder gesehen und das war für ihn eine tolle Erfahrung. Er fiel auf in einer Gesellschaft, in der alle mit »Schlips und Kragen« kamen. Er kam in Straßenkleidung und humpelte ein bisschen. Dann spielte sein Sohn, und plötzlich war Ruhe im Raum. Sein Sohn spielte ein schweres Stück von Massenet, in sehr hoher Lage. Er schlug die Leute sofort in seinen Bann. Und der Vater war total stolz: Das ist mein Sohn! Für mich war dieses Erlebnis ein ganz besonderer Moment.

*Kommen denn auch ab und zu Eltern nach den Konzerten zu Ihnen und sagen: Gino, mein Kind, da vorne, das hätte ich nie erwartet!*

Ja natürlich. Vor allem am Anfang, als die Geigengruppen an der St.-Pauli-Schule noch neu waren. Für manche Eltern war und ist das oft eine Überraschung. Manche wissen nicht, was es bedeutet, dass wir viele Stunden miteinander musizieren und dass wir viel Repertoire auswendig spielen. Manchen Eltern ist das überhaupt nicht bewusst. Ich habe auch viele tolle Eltern, die voll dahinterstehen und mir helfen bei den Konzerten und der Organisation.

Jetzt haben wir bald wieder die Tage der Musik, da spielen wir mit 200, vielleicht 220 Kindern.

*In dem Film »20 Geigen auf St. Pauli« gab es eine ganz besonders bewegende Szene, als eine Mutter gehört hat, dass Sie weggehen wollten aus*

*Hamburg. Dieser Mutter kamen die Tränen und sie hat sich in diesem Moment von der Kamera abgewendet. Wenn die Eltern zu einem Konzert kommen und ihre Kleinen da vorne sehen, dann passiert ja auch etwas mit den Eltern. Sagen sie Ihnen das, oder erzählen Ihnen das später die Kinder?*

Die Kinder erzählen sehr viel. Zum Beispiel der Junge, der im Film vorkommt und dessen Mutter nicht wollte, dass er zum Geigenunterricht kommt, weil der Weg zu weit war. Ihn hat immer der Vater gebracht, den ich in den ersten Jahren aber nie zu Gesicht bekam. Inzwischen ist das völlig anders. Der Vater ist ausgesprochen lustig geworden und will nun immer zu den Konzerten mitkommen, da die Stimmung bei den Konzerten so gut ist. Früher hat ihn das nie interessiert. Und die Mutter, die früher sehr schüchtern war, kommt jetzt auch mit. Sie hat sich mit einer anderen Mutter befreundet und sie treffen sich dann vor Ort. Ich finde es sehr spannend, was mit den Eltern passiert. Die kommen inzwischen auch, um andere Eltern zu treffen, denn sie müssen ja immer auf ihre Kinder warten. Dann passiert dies und das. Es treffen sich Menschen, mit denen man sonst nicht in Kontakt kommen würde.

*Sie haben eben von den Eltern erzählt und von den Freitagen, an denen viele Kinder freiwillig zusammenkommen, um zu musizieren. Hat das auch mit Momenten gelingender Beziehung zu tun?*

Auf jeden Fall.

*Was sind das für Momente?*

Vor Jahren war eine Mutter aus Island dabei, die im Norden von Hamburg wohnte. Und dann gab es eine andere Mutter mit Kopftuch, die immer Kuchen gebracht hat. Und eines Tages sagte mir diese Frau aus Island: »Ich schätze diese Frau. Ich habe früher immer Vorurteile gehabt, allein wenn ich so ein Kopftuch gesehen habe. Und jetzt merke ich, wie lieb diese Frau ist. Sie sagt nicht viel, sie hat nicht viel Kontakt, sie holt nur ihre Tochter ab, bringt aber immer einen mit so viel Liebe selbst gemachten Kuchen. Das finde ich ganz toll.« Solche Kommentare höre ich immer wieder.

*Können über solche Begegnungen Vorurteile abgebaut werden?*
Im letzten Jahr spielten wir auf einem Iftar-Empfang. Ein großes Fest, mit dem die Fastenzeit beendet wird. Ich habe Schüler, die Muslime und Teilmuslime sind. Bei diesem Fest musizieren ganz selbstverständlich Kinder verschiedener Religionen miteinander. Auch da habe ich mir gedacht: Toll, wie Musik wirkt. In diesem Jahr spielen wir ein Konzert im Rahmen des Kirchentages, wo es einen Gottesdienst für den Islam und das Christentum gibt. Wir spielen am Anfang dieses Gottesdienstes, was wir inzwischen schon dreimal gemacht haben. Das hat mittlerweile schon etwas Selbstverständliches.

*Was, glauben Sie, verbindet die Menschen beim gemeinsamen Musikmachen und lässt Hürden überwinden?*
Ich glaube, dass man durch die Musik an die Seele der Menschen herankommt. Wenn wir auswendig spielen und sehr gut eingespielt sind, teilen wir in solchen Momenten alles miteinander. Und die Seele und das Herz sind dabei. Das ist entscheidend.

*Das Ziel, gemeinsam Musik zu machen und dabei vielleicht auch gemeinsam zu wachsen, scheint zu helfen, Vorurteile schneller abzubauen.*
Das geht schnell. Meine Erfahrung ist, wer bisher nicht die Gelegenheit hatte, dem ermöglicht das die Musik. Da sind dann alle in einem Boot.

*Daniel Barenboim glaubt, dass diejenigen, die gemeinsam musizieren, sich automatisch in einem diplomatischen Stadium befinden.*
Das denke ich auch.

*Weil sie sich wahrnehmen, respektieren und zuhören müssen?*
Und weil ich dich brauche und du mich brauchst.

*Trifft diese Aussage von Daniel Barenboim über ein Orchester mit Erwachsenen auch auf Kinder zu?*
Auf jeden Fall. Ich habe jetzt viele Jungen, die in der Pubertät sind und zum großen Teil am Freitag und am Montag zum freien Musizieren zu mir kommen, um sich zu treffen. Wie sehr sie sich schätzen und respektieren, zeigt sich darin, dass sie manchmal schon ein wenig früher kommen, Fußball spielen, ein bisschen herumkämpfen, dann in unserem Orchester gemeinsam spielen, wieder nach draußen gehen und sich dort austoben. Das finde ich richtig schön. Ich gehe oft mit ihnen essen und dann gibt es Lachen ohne Ende. Das ist ungewöhnlich, weil es so eine familiäre Stimmung ist. Die Jungs kennen sich mittlerweile gut, sie spielen schon lange zusammen, zum Teil schon seit der Grundschule.

*Nimmt diese Gruppe auch Neue auf oder ist das eher schwierig?*
Doch, doch. Es kommen immer Neue hinzu. Jetzt ist zum Beispiel ein Junge dazugekommen, der immer auf der Straße spielt. Ein Roma oder Sinti. Und weil sie etwa im gleichen Alter sind, finden sie ihn ganz toll und fragen: Wann kommt er?

*In dem Buch »Die Kraft der Musik« über das »West-Eastern Divan Orchestra« wird beschrieben, welche Freundschaften sich trotz der vielen Unterschiede zwischen palästinensischen und israelischen Jugendlichen entwickeln können, wenn sie zusammen musizieren, ein gemeinsames Ziel vor Augen haben und sich ständig musikalisch miteinander auseinandersetzen. Was motiviert Ihre Schülerinnen und Schüler, an Ihrem Projekt teilzunehmen?*
Das ist unterschiedlich. In der Grundschule ist das gemeinsame Geigespielen zunächst einmal Pflichtfach. Was danach passiert, fin-

de ich besonders interessant. Die Kinder, die am Nachmittag außerhalb des Schulunterrichts zu »Musica Altona« kommen, sind meist diejenigen, die mehr wollen. Die auch wissen, was sie wollen. In der Grundschule unterrichte ich erst einmal alle Geigenklassen in der Schule. Dann habe ich aber montags und freitags eine zusätzliche Gruppe. Und viele Kinder fragen: Kann ich auch dorthin kommen? Mittlerweile haben wir diese Gruppe geteilt, weil sie bereits zu groß ist. Trotzdem sind sechzig Kinder auf einmal in einem kleinen Raum, keiner macht Quatsch und alle wollen spielen! Da merkst du, dass sie aus sich heraus motiviert sind. Die meisten von ihnen waren in der Grundschule oder sind es noch, fühlten sich nur unterfordert. Von der 4. Klasse sind immer viele da. Sie wollen sich gleich einen Platz sichern, wenn die Geigenklassen nach dem letzten Grundschuljahr aufhören. Das sind die Kinder, die nachwachsen.

*Was passiert mit den Kindern, die das Geigespielen nicht anspricht?*
In der Schule arbeiten wir im Klassenverband. Da sind alle beisammen. Auch Kinder mit Behinderungen, die wir ebenso unterrichten. Ich weiß, dass es für diese Kinder nicht immer leicht ist, aber der Klassenverband hat Kraft. Der ist so stark, dass alle mitgezogen werden. Außerdem haben wir auch viele Auftritte und das ist super. Die Kinder sagen sich: Lieber mitspielen als zuschauen. Ich will das können, was meine Freundin kann. Und dann passiert es auch immer wieder in den Konzerten, dass Leute weinen. Das beeindruckt die Kinder sehr.

*Die Eltern weinen?*
Nein, das Publikum.

*Die Leute weinen?*
Ja, wir haben das auch nicht erwartet. Es sind vor allem viele Männer. Ende letzten Jahres haben wir zum Beispiel in Lübeck im

großen Theater zum Neujahrsempfang der Handelskammer gespielt. Wir waren etwa 30 Kinder und das Theater war voll mit an die 1.000 Gästen. Prominente Leute, Hanseaten und alle mit »Schlips und Kragen«. Die Kinder waren total aufgeregt, mit roten Backen guckten sie aus dem Vorhang. Und dann haben bei ihrem Spiel so viele Menschen geweint.

*Was, glauben Sie, hat diese Menschen so bewegt?*
Ich weiß es nicht genau. Wir spielen oft unser Potpourri und den Pachelbelkanon. Der kommt gut an. Spätestens bei diesem Stück fließen die Tränen. Die Kinder haben eben Power, sie spielen nicht immer alles richtig, aber sie spielen mit Herz und das kommt rüber.

*Stichwort Authentizität. Nicht nur die Kinder zeigen ja ehrlich ihre Aufgeregtheit und ihre Spannung, auch Sie. Erinnern Sie sich, dass jemand nach dem Konzert zu Ihnen gekommen ist und gesagt hat: Gino, so etwas habe ich noch nicht erlebt?*
Das passiert häufig. Manchmal von Menschen, von denen man das nicht erwarten würde. Oftmals Männer, die so unemotional scheinen und es dann plötzlich gar nicht mehr sind. Ich finde es immer schön, wenn so etwas passiert. Und es passiert oft. Ich habe ja auch keine Berührungsängste und das macht wohl freier. Man kommuniziert dann auf einer für mich normalen Ebene, einer emotionalen, ohne diesen Abstand. Ich finde solche Momente ganz besonders schön – wenn Menschen aufmerksam werden und mitfühlen.

*Sie haben sicherlich bereits ehemalige Schülerinnen und Schüler, die um die zwanzig Jahre alt sind. Bekommen Sie noch die eine oder andere Rückmeldung?*
Bestes Beispiel ist unsere ehemalige 1. Klasse aus der Chemnitzstraße, was wirklich schon lange her ist. Sie organisieren immer noch regelmäßig ein Klassentreffen von der Grundschule und jedes

Mal erzählen sie sich die Dinge, die wir gemeinsam gemacht haben. Wir haben damals zum Beispiel ein Stück gespielt – Trommelland – für das die Kinder den Rhythmus erfunden haben. Wir haben auch gemeinsam gesungen und im Tonstudio eine CD aufgenommen, die jeder bekommen hat. Nun sind die Kinder dieser Klasse erwachsen, aber sie haben sich nicht verloren. Sie haben noch immer Kontakt und hängen an der Zeit von damals. Das finde ich ganz toll. Es war ja ihre erste Klasse und alles war neu. Diese vielen musikalischen Spiele, die wir da gemacht haben, waren etwas ganz Besonderes für sie. Es war eine schöne Zeit.

Ich glaube, für die Kinder ist diese Zeit des gemeinsamen Musizierens in der Grundschule sehr intensiv. Ich kann es nur noch einmal wiederholen: Dass ich deren Kindheit miterlebe, ist für mich ein Geschenk. Ich bin ein Teil von ihrem Leben und sie sind so ehrlich, erzählen so viel und sind oft frei und lustig, was ich sehr genieße. Das ist mein tägliches Geschenk. Auch wenn ich manchmal etwas meckere. Man hat als Lehrer ja auch immer die Herausforderung, sie zu erziehen. Ich möchte ein Vorbild sein, vor dem sie keine Angst haben, auch wenn ich mich aufrege. Ich bin nicht nachtragend und das ist sehr wichtig.

*Das erinnert an unser Gespräch mit dem Familientherapeuten Jesper Juul, der gesagt hat, er bedaure es, dass es in seinen vielen pädagogischen Gesprächen immer wieder primär um Erziehung geht statt um Beziehung. Beziehung ist das Wichtige. Sie sagen gerade, dass auch Sie »erziehen«. Erziehen Sie über Beziehung?*

Das ist ganz, ganz wichtig. Dann erzieht man nämlich auf eine nette Art. Wenn ein Instrument kaputtgeht oder wenn jemand seine Sachen vergisst – ein Thema, das immer wiederkehrt –, dann versuche ich bewusst zu machen, dass man diese Sachen schätzen muss. Manchmal sage ich den Kindern ganz klar, wie gut sie es haben. Wir leben in einem reichen Land. Als ich klein war, gab es das alles nicht. Oder wenn es eine Diskussion gibt: Ich will aber diese Trommel, die gelbe und nicht die rote, dann sag ich mit lustigem Unterton: Was ist los mit dir? Was bildest du dir ein? Du hast eine tolle Trommel, eine Supertrommel. Schau mal, ich habe früher auf dem Tisch gespielt oder auf dem Stuhl, weil ich gar keine Trommel hatte, und das ging auch gut.

*Wo sehen Sie sich mit dem Projekt in fünf Jahren?*
Oh, da habe ich fast schon ein bisschen Angst, weil das Projekt wächst und wächst. Schaffe ich das noch? Aber es gibt mittlerweile Unterstützung über Mike, der mir hilft. Und ich habe auch noch Schüler, die jetzt groß sind und mir angeboten haben, mir beim Unterrichten helfen zu wollen. Darüber hinaus gibt es Lehrer, die freiwillig kommen und unterrichten oder sogar auch Einzelunterricht für die Kinder geben. Es gibt nun alle Generationen von Jugendlichen, die auch unterschiedliche Vorbilder sind.

*Welche Vorbilder haben denn Sie?*
Ein großes Vorbild ist für mich José Antonio Abreu in Venezuela. Ich habe ihn kennengelernt – das weiß ich noch genau –, als ich 19 war und im Orchester in Kolumbien gespielt habe. Er hat uns in Kolumbien gehört und gesagt: »Ihr seid ganz toll. Ich möchte, dass ihr nach Venezuela kommt und wir ein Konzert zusammen geben.« Und dann sind wir mit unserem Orchester nach Venezuela gefahren und haben zum fünfjährigen Jubiläum des Orchestra Bolívar in einigen Städten zusammen gespielt. Abreu hat es geleitet. Er war wunderbar. Das ist so ein Mensch, den man nie vergisst. Wie er mit uns gesprochen hat, die ganze Atmosphäre im Orchester! Er ist ein Vorbild für mich und diese Begegnung mit ihm hat mich sehr geprägt.

*Im Begriff »Moment« von Momente gelingender Beziehung steckt einerseits ein zeitlicher Aspekt. Andererseits birgt der Begriff »Moment«*

*auch die Bedeutung von Energie, die etwas in Bewegung bringt. Was Sie erzählen, ist ein gutes Beispiel für dieses In-Bewegung-Bringen.*

Ja, total. Ich kann mir vorstellen, dass in ein paar Jahren noch weitere Früchte dazukommen. Es kommt quasi automatisch, denn es ist ungemein viel Energie da von allen Mitwirkenden: von den Kindern, von den Jugendlichen und von den Eltern. Und die Kindheit hat so etwas besonders Frisches. Da wird so viel positive Energie freigesetzt.

*Was löst am gemeinsamen Musikmachen diese Momente gelingender Beziehung aus?*

Das Gefühl: Das schaffen wir. Und dann dieses Erstaunen darüber: Das haben wir gemacht, nicht nur du, du und du, sondern wir. Erlebte Gemeinsamkeit, das ist es. Und Musik berührt die Seele.

Ich finde es gut, dass wir uns über Kinder und Musik Gedanken machen. Das ist spannend.

# »EIGENTLICH GEHT ES UM BEIDES:
# RISIKOBEREITSCHAFT UND VERTRAUENSVORSCHUSS«
## MAGDALENA ABRAMS
## »MUSIKER OHNE GRENZEN« (MUSIKPROJEKT ECUADOR)

*Musik schafft keinen Weltfrieden, doch baut*
*sie Brücken zwischen Kulturen.*[54]

Magdalena Abrams, geboren in Hamburg, ging nach ihrem Abitur 2005 für ein Jahr nach Ecuador. Im Armenviertel »Guasmo Sur« in Guayaquil baute sie in dieser Zeit mit Kindern und Jugendlichen eine Musikschule auf. Zurück in Hamburg, gründete sie daraufhin mit Musikstudierenden der Hochschule für Musik und Theater Hamburg den Verein »Musiker ohne Grenzen« mit dem Ziel, Menschen einander näherzubringen und ihnen unabhängig von ihrer Lebenssituation einen Zugang zur Musik zu ermöglichen. »Musiker ohne Grenzen« ist mittlerweile ein weltweites Netzwerk kreativer Musikprojekte und wurde 2012 Bundessieger beim *startsocial*-Wettbewerb unter der Schirmherrschaft der Bundeskanzlerin Angela Merkel. Magdalena Abrams hat an der Hamburger Musikhochschule Sonderschulpädagogik und Musiktherapie studiert.

*Im Jahr 2005 haben Sie ein besonderes Musikprojekt in Ecuador ins Leben gerufen. Aus ihm ist der Verein »Musiker ohne Grenzen« entstanden. Ein Verein junger Musikerinnen und Musiker mit dem Ziel, ein weltweites Netzwerk kreativer Musikprojekte zu schaffen. Auf Ihrer Website ist Folgendes zu lesen: »Wir glauben an die Kraft der Musik. Wenn das Leben beeinflusst wird von häuslicher Gewalt, von Korruption, von Hunger und unzureichender Sicherstellung menschlicher Grundbedürfnisse, kann Musik ein Motor sein, eine Welt zu schaffen, in der Grundbedürfnisse befriedigt werden und Lebensmut gefasst wird.«*

*Wir sind in diesem Buch auf der Spurensuche nach Momenten gelin-*
*gender Beziehung. In unseren bisher geführten Gesprächen wurden als*
*Voraussetzungen für diese Momente Haltungen und Einstellungen ge-*
*nannt, von denen wir Ihnen sieben vorstellen möchten: einfühlen und*
*empathisch sein, Zeit haben und Zeit nehmen, anerkennen und wert-*
*schätzen, authentisch sein, Vertrauensvorschuss geben und risikobereit*
*sein, respektvoll sein und auf Augenhöhe handeln, wahrnehmen und*
*offen sein. Welche dieser Haltungen und Einstellungen waren für den*
*Aufbau Ihres Projekts besonders wichtig?*

Auf jeden Fall »Vertrauensvorschuss geben« und »risikobereit
sein«, denn ohne Vertrauensvorschuss und Risikobereitschaft wäre
ich nicht nach Guasmo gekommen. Das war in meinem Fall das
ausschlaggebende Kriterium. Dann »einfühlen« und »empathisch
sein«. Für die Aufbauzeit war noch »Zeit haben« beziehungsweise
»Zeit nehmen« ganz wichtig.

*Warum waren »Vertrauensvorschuss geben« und »risikobereit sein« so*
*wichtig?*

Wenn ich allein schon daran denke, wie ich dort hingekommen
bin! Ich hatte lediglich eine E-Mail-Adresse in der Hand, mehr
nicht. Ich bin in einem Stadtteil gelandet, in den »Ärzte ohne Grenzen« nicht hineindurften, weil es zu gefährlich war. Das wusste ich
aber nicht. Im Nachhinein sagen die einen: Mensch, warst du mutig. Die anderen: Ganz schön dumm. Eigentlich ging es um beides:
Risikobereitschaft und Vertrauensvorschuss. Vertrauen auch mir
selbst gegenüber. Ich hatte das Vertrauen in mich, dass schon alles
irgendwie gut gehen wird. Vielleicht kann man das auch Gottver-
trauen nennen. Hätte ich dieses Grundvertrauen nicht gehabt, wäre
ich auf eigene Faust nie in diesem Teil der Welt gelandet.

*Wo sind Sie gelandet und welches Projekt haben Sie dort vorgefunden?*

Ich bin in Ecuador in der Stadt Guayaquil gelandet, im Stadtteil Guasmo, einem sozialen Brennpunkt. Dort gab es das Projekt »Associacion Movimiento Mi Cometa«, das sich 1990 durch eine Bürgerinitiative entwickelt hat. Es haben sich Leute aus dem Stadtteil zusammengeschlossen, um sich für eine bessere Lebensqualität einzusetzen, denn sie hatten keine asphaltierten Straßen, keine Kanalisation, keine Müllentsorgung, oft keinen Strom, eine Wasserqualität, die krank machte, und natürlich auch kein Internet. »Mi Cometa« heißt übersetzt »mein Drachen« und der Name ist deshalb gewählt worden, weil sie anfangs mit den Kindern Drachen gebaut haben.

Mir hat es sehr gefallen, dass dies ein Projekt war, das von Einheimischen für Einheimische initiiert wurde und nicht aus dem Ausland. Deshalb habe ich ihnen meine Hilfe angeboten, dort, wo sie mich brauchen können. Die Leute vor Ort wissen das ja viel besser.

*Wie kam die Idee mit dem Musikprojekt zustande?*

Der Chef des »Mi Cometa«-Projekts bat mich, einen Lebenslauf zu schicken. Aus dem erfuhr er, dass ich viel mit Musik gemacht habe. Die Idee, eine Musikschule aufzubauen, kam von ihm. Sie wollten dort schon lange Kindern und Jugendlichen in ihrer Freizeit etwas Kreatives oder, wie der Chef es ausdrückte, Sinnvolles anbieten. Man muss sich nämlich vorstellen, dass es dort überhaupt keine Freizeitmöglichkeiten gab und viele Kinder und Jugendliche den ganzen Tag auf der Straße herumhingen oder sich in Banden organisierten. »Mi Cometa« wollte etwas im Bildungsbereich anbieten, aber es fehlte ihnen das Know-how. Es brauchte nur zwei E-Mails und es wurde mir klar: Da geh ich hin. Es gab also einen Vertrauensvorschuss mir gegenüber und umgekehrt. Und wichtig war, dass wir beide es ernst meinten.

*Was hat Sie dort erwartet?*

Ich hatte mir zunächst einmal vorgestellt, Räumlichkeiten vorzufinden, eine Gruppe von Jugendlichen oder sonst jemanden, mit dem ich arbeiten könnte. Nichts davon war der Fall: Das Haus war noch im Rohbau und Jugend- oder Kindergruppen gab es nicht. Darüber hinaus konnte ich die Sprache nicht so gut, es gab keine Instrumente und ich wusste nicht, wie die Kultur funktioniert oder wie die Leute dort überhaupt leben. Das war eine ziemliche Herausforderung für mich.

Die Leute vor Ort wussten nicht, wie lange es dauert, eine Musikgruppe aufzubauen, geschweige denn, wie lange man braucht, um auf einem Instrument einigermaßen spielen zu können. Sie glaubten, dass es bereits nach zwei Wochen ein erstes Konzert geben würde. Die Kinder kamen beispielsweise mit ihrem Handy, auf dem sie mir *Für Elise*[55] vorspielten und sagten: Das möchte ich jetzt spielen. Aber es gab gar kein Klavier.

*Wie sind Sie dann mit der Situation umgegangen?*

Während eines einjährigen Aufenthaltes in den USA hatte ich gelernt, wie wichtig es ist, erst einmal eine Kultur zu beobachten und sich einzufühlen, bevor man aktionistisch loslegt. Und ich hatte ja nun ein Jahr lang Zeit. Das war sehr wichtig, denn dieses Jahr war zu 100 % für dieses Projekt in Ecuador reserviert. So nahm ich mir zunächst ein paar Wochen Zeit, in denen ich über »Mi Cometa« einige Leute kennenlernen konnte. Außerdem habe ich Instrumente gebastelt.

Beim »Mi Cometa«-Projekt laufen immer Kinder und Jugendliche herum, die schauen und fragen. Aber solange nichts passiert, sind sie nicht weiter motiviert. Und ich stand vor dem Problem, dass ich keinen Raum zum Unterrichten und keine richtigen Instrumente hatte. Außerdem kannte ich deren Lieder nicht. Ich habe erst einmal viele Vokabeln auf Spanisch rausgesucht, die ich brauchte, wie etwa Achtelnote oder Viertelnote. Dann habe ich, typisch deutsch, einen Stundenplan entworfen: Tabellen geschrieben und nach Altersstufen eingeteilt, wie ich es eben aus Deutschland kannte. Alles schön altershomogen: von drei bis vier Uhr kommt die eine Altersstufe, von vier bis fünf kommt jene und so weiter. Dann habe ich Flyer verteilt. Es kam aber keiner.

*Und wie ging das weiter?*

Ich habe mit ein paar Kindern und Jugendlichen schließlich eine Trommelaktion gemacht. Auf dem offenen Dach des Rohbaus, ohne Wände und nicht ungefährlich, haben wir angefangen zu trommeln. Da es das einzige höhere Gebäude in der näheren Umgebung war, haben die Leute das schnell mitbekommen und gemerkt: Da passiert etwas, da gibt es »Musikunterricht«. Ich hatte unterschätzt, wie viele Leute in so einem Barrio ständig draußen sind und dass jeder jeden kennt. Man kriegt alles mit, was passiert. Auch ohne Flyer. Nach etwa zwei Wochen ging es dann richtig los.

*Was, glauben Sie, haben die Menschen vor Ort erwartet?*

Der Chef des »Mi Cometa«-Projekts, der selbst drei Töchter hat und im Slum wohnt, war der Meinung, dass Kunst und Kreativität wichtig für die Menschen sind. Ohne Geld konnten sie aber an den Angeboten der Stadt nicht teilhaben. Man stelle sich vor: Selbst wenn einige ein Stipendium irgendwoher bekommen hätten, das Geld hätte nicht einmal für die entsprechende Busfahrt gereicht. Obwohl es vereinzelte Projekte vor Ort gab, hat ihnen vor allem die Möglichkeit, Musik zu machen, gefehlt.

*Was konnten Sie in diesem einen Jahr aufbauen?*

Nach einem Jahr gab es eine Gruppe von Schülern und Schülerinnen, bestehend aus ca. 20 Jugendlichen und zehn Kindern, als festen Kern dieses Musikprojekts, die jeden Tag in der »Musikschule« waren. Aus dieser Gruppe heraus gab es am Ende zwei Bands, die erst einmal Popsongs und Rocksongs gecovert haben, und zusätzlich gab es noch eine Kinderband. Die Gruppe lernte, sich selbst zu organisieren. Einer wurde gewählt, die Koordination des Musikprojekts zu übernehmen. Bald konnten die Schüler und Schülerinnen das, was sie selber gelernt hatten, weiter unterrichten.

*Woher hatten Sie die Instrumente?*

Zuerst hatten wir nur ein paar Gitarren von verschiedenen Familienmitgliedern, denn Gitarre ist so ein Instrument, das es dort noch am ehesten gibt. Die Jugendlichen wollten so ziemlich alle Gitarre lernen für ihre Popsongs und die Rock-Latino-Stücke. Zwei Klarinetten konnte ich über eine Spende meiner Kirchengemeinde in Deutschland kaufen. Über das Deutsch-Ecuadorianische Kulturzentrum – ich habe dort das Projekt vorgestellt und ein Benefizkonzert gespielt – und den entscheidenden Kontakt zu Ulrich Rademacher[56] konnten wir dann Bandinstrumente wie Schlagzeug, E-Gitarre und Bass kaufen. Das war für alle ein riesiger Motivationsschub. Der Wunsch von vielen Jugendlichen, die zuvor mit ihren Gitarren gemeinsam das gleiche Stück gespielt hatten, war natürlich, dann etwas mit Schlagzeug und Gesang zu machen. Der Vorteil: Wenn man eine Band hat, kann diese autonom proben, ohne Lehrer und Anleitung von außen. Das muss dann nicht im Unterricht stattfinden. Sie können sich treffen, sie können proben und ich muss nicht die ganze Zeit dabei sein.

*Wie war das mit klassischer Musik?*

Wir haben auch klassische Musik gespielt, sogar mit der Klarinette. Auch Bach.

*Im ersten Jahr? Das ist unglaublich schnell.*

Das lag wohl am täglichen Zusammenkommen. Die meisten haben den ganzen Tag nichts anderes zu tun. Sie haben eben Zeit. Bei uns hier in Deutschland gibt es oft nur einmal die Woche Musikunterricht, neben all den anderen Aktivitäten wie Voltigieren, Ballett, Sport oder was es sonst noch alles so gibt. Das kann hier bei uns nicht so fruchten wie dort.

*Wie war die Reaktion der Jugendlichen auf den Vorschlag, beim Unterricht mitzuhelfen?*

Das hat sich erst allmählich ergeben. »Mi Cometa« war zunächst einmal eine Anlaufstation. Viele haben da den Tag verbracht, und wer nicht beim Unterricht dran war, hat eben gewartet. So fingen sie an, sich gegenseitig etwas zu zeigen. Ein paar Jugendliche konnten schon einige Akkorde auf der Gitarre spielen und zeigten sie dann den anderen. Die wiederum probierten herum und so hat sich das langsam weiterentwickelt.

*Was war Ihr vorrangiges Ziel?*

Ich wollte, dass die Jugendlichen Musik für sich entdecken. Ich war sehr darüber erstaunt, dass sie anfingen, selber Kinder zu unterrichten. Dann merkte ich jedoch: Ja, das ist es.

Nach etwa sieben Monaten erklärte ich ihnen, dass ich drei Wochen wegfahre würde, um das Land kennenzulernen. Zuvor hatte ich darüber nachgedacht, wie viel Arbeit das alles bisher gewesen war und wie traurig es wäre, wenn nach meiner Rückkehr nach Deutschland alles im Sande verliefe. Deshalb wagte ich dann dieses Experiment: Wie funktioniert die Musikschule auch ohne mich? Wir verteilten die Aufgaben und ich dachte mir, dass wir ja immer noch ein paar Monate Zeit hätten, wenn ich von der Reise zurückkäme, um zu schauen, was alles geklappt hat und was nicht. Woran wir noch weiter und intensiver arbeiten müssten. Und dann bin ich wirklich drei Wochen weggefahren, immer mit dem Gedanken im Kopf: O Gott, das verläuft jetzt bestimmt im Sande. Als ich schließlich zurückkam, hatten sie ein Konzert organisiert!

*Ein toller Erfolg! Was war aus Ihrer Sicht für die Erhaltung des Projekts besonders hilfreich und wichtig?*

Ich denke »respektvoll sein« und »auf Augenhöhe handeln«. Das spürten die Schüler und Schülerinnen, als sie anfingen, selbst zu unterrichten. Da wurden wir zu einem echten Team.

Bis heute sind »respektvoll sein« und »auf Augenhöhe handeln« Schlüsselaspekte für »Musiker ohne Grenzen«. Wir sitzen hier in Deutschland und arbeiten mit unterschiedlichen Projekten in verschiedenen Ländern zusammen. Wir verstehen uns nicht immer und sind auch nicht immer einer Meinung. Aber es ist ungemein wichtig, dass wir immer respektvoll miteinander umgehen. Wir wissen, dass die anderen ihre Gründe haben, so zu denken, wie sie denken, es so zu machen, wie sie es machen. Wenn wir diese Haltung nicht hätten, wäre es schwierig.

*Sie haben inzwischen viele Anmeldungen von jungen Leuten, die im Rahmen des Europäischen Freiwilligendienstes für ein halbes, manchmal auch ein ganzes Jahr Ihre Projekte vor Ort begleiten wollen. Wie werden sie von Ihnen vorbereitet?*

Wir vermitteln diesen jungen Menschen, die nun jedes Jahr als »Freiwillige« nach Ecuador gehen, auf Wochenendseminaren hier in Deutschland interkulturelle Kompetenz. Sie erfahren, wie wichtig es ist, Situationen, die ihnen komisch vorkommen, nicht sofort zu bewerten. Sie lernen, sich zu fragen: Wie ist das in meiner Kultur und was ist hier anders? Respektvoll zu sein und auf Augenhöhe zu handeln ist uns in diesem Zusammenhang besonders wichtig.

*Was vermitteln Sie noch in Ihrer Vorbereitung auf einen Aufenthalt in Guasmo? Wie können wir uns solche Wochenenden vorstellen?*

Auf unseren Wochenenden erklären wir immer wieder, dass es keine objektive Wahrnehmung gibt. Egal, wie viel Auslandserfahrung man gesammelt hat, und egal, wie sehr man sich bemüht: Es gibt einfach keine objektive Wahrnehmung. Es gibt nur meine ganz eigene, persönliche Sicht.

Wir sprechen über selektive Wahrnehmung und simulieren entsprechende Situationen. Es ist immer wieder erstaunlich, was da passiert. Kaum haben wir über dieses Phänomen gesprochen und machen anschließend ein Spiel, – zack – sind alle wieder in ihren Mustern gefangen. Das Bewusstmachen dieser Erfahrung hilft, wenn man im Ausland in ungewohnte Situationen und in Wertekonflikte gerät. Erst zwei oder sogar dreimal darüber nachdenken, vielleicht mit unterschiedlichen Leuten sprechen, um zu merken, dass es auch noch andere Perspektiven für diese Lage gibt.

Ein einfaches Beispiel: Ich frage einen Ecuadorianer nach dem Weg. Er sagt mir einen falschen Weg. Er sagt nicht: Das weiß ich nicht. Wir denken daraufhin möglicherweise: Mensch, so ein Blödkopf, warum sagt der nicht einfach, dass er es nicht weiß. Wenn ich dann aber erfahre, dass er eigentlich sehr höflich war, weil es für einen Ecuadorianer unhöflich wäre, »Das weiß ich nicht« zu sagen, dann fühlt man sich nicht auf der Beziehungsebene verulkt. Vielmehr merkt man: Er war auf der Beziehungsebene, ich auf der Sachebene.

*So eine Situation erfordert doch sehr viel Offenheit?*

Ja, es ist ganz wichtig, offen zu sein. Offen zu sein für die Kultur und die völlig anderen Lebensumstände in den Gastfamilien. Ich hatte zum Beispiel anfangs kein eigenes Bett. Die meisten haben kein eigenes Zimmer. Viele haben keine Dusche.

Man kann auch in konfliktreiche Situationen geraten, wenn die Gastfamilie beispielsweise ihre Kinder schlägt oder von Homosexualität als Krankheit geredet wird. Wenn man wirklich mit dem Anspruch, interkulturell zu lernen, dorthin geht, sollte man versuchen, Konflikte aus vielen Blickwinkeln zu beleuchten und viele Informationen einzuholen, bevor man sie bewertet.

*Ihr Projekt läuft jetzt schon über viele Jahre. Haben sich aus Ihrer Perspektive auch die Sichtweisen der ecuadorianischen Gastfamilien im Laufe der Zeit verändert?*

Ich glaube schon. Aber eher bei kleineren Sachen, wie zum Beispiel der Trinkkultur. Biertrinken bedeutet in Ecuador, sich zu betrinken. Wenn Deutsche da sind, gibt es heute in einigen Familien ein Bier zum Feierabend, mehr aber nicht. Das ist eher eine »bewusste« Anpassung, keine unbewusste. Es entstehen allerdings auch Dialoge über Konfliktthemen wie Homosexualität oder Gewalt. Die Deutschen, die nach Ecuador ins Guasmo kommen, lernen aber erst einmal viel mehr für sich. Wir müssen uns anpassen, nicht umgekehrt.

*Das Thema Gewalt scheint ein gewichtiges Thema zu sein. Wie sind Sie damit umgegangen?*

Gewalt habe ich auf der Straße, nicht aber in meiner Familie mitbekommen. Einmal bin ich wirklich an meine Grenzen gestoßen.

Auf der Straße haben sich vier Frauen geprügelt, schlimmer noch als Männer, und eine davon war hochschwanger. Sie haben sich büschelweise die Haare ausgerissen. Es war wirklich ganz furchtbar.

Ich habe da nicht mehr nachgedacht und bin dazwischengegangen. Hinterher erfuhr ich, dass man das in solch einem Barrio auf keinen Fall machen sollte. Man legt sich sofort mit allen an. Und wenn die Polizei kommt, werden alle – ausnahmslos – erst mal ins Gefängnis gesteckt. Die Grundhaltung ist, sich nicht in die Probleme anderer Leute einzumischen.

Im Projekt gab es Konflikte zwischen ein paar Jugendlichen. Die haben sich dann geprügelt. Einmal tauchte einer mit einem Baseballschläger auf und sagte: »Wenn du noch einmal über den schlecht redest, dann kriegst du das Ding hier über die Rübe.«

*Haben sich auch »verfeindete« Jugendliche an Ihrer Musikschule ge-*
*troffen?*

Die Jugendlichen in unserer Musikschule haben nicht viel
über diese Bandengeschichten gesprochen. Wir stellen uns hier in
Deutschland das mit den Banden so vor, als wären das Gruppen wie
zwei Fußballteams und man weiß genau, wer zu welchem Fußball-
team gehört. Es hat dort aber eher mit der Zone zu tun, in der man
wohnt. Es ist einfach gefährlich durch die Zone einer verfeindeten
Bande zu gehen.

Das gemeinsame Musizieren vor Ort hat jedoch einen Raum geschaffen, wo alle, ob bandenzugehörig oder nicht, zusammenkommen können. Man muss sich das so vorstellen: Es gibt eine gemeinsame Musikausstattung, alle im Projekthaus haben etwas zu tun,
sitzen in einer Ecke und machen Musik. Hier gründen sie gemeinsam Bands oder spielen in größeren Projekten alle zusammen, wie
z. B. in dem Orchesterprojekt des Komponisten Benjamin Scheuer.[57]
Da machen Kinder mit und auch Erwachsene.

*Daniel Barenboim ist davon überzeugt, dass diejenigen, die gemeinsam*
*musizieren, sich automatisch in einem diplomatischen Stadium befin-*
*den. Sie müssen ihr Gegenüber wahrnehmen und respektieren, zuhören*
*und trotz aller Unterschiede ein gemeinsames Ziel verfolgen. Können Sie*
*diese These aus Ihrer Erfahrung im Guasmo bestätigen?*

Ja, das habe ich auch erlebt. Im Guasmo hatten die Kinder und
Jugendlichen von sich aus ein ganz großes Interesse, Musik machen
zu können. Sie wollten spielen. Da blieb ihnen nichts anderes übrig,
als Sachen diplomatischer zu lösen, als sie es ansonsten gewohnt
waren.

Viele Projekte und Projektideen sind daran zerbrochen, dass
sich die Beteiligten irgendwann »die Köpfe eingeschlagen« haben. Hier aber war das Interesse an der Sache so groß, dass ihnen
nichts anderes übrig blieb, als zu schauen, wie sie sich organisie-

ren. Irgendwann habe ich eingeführt, dass wir uns freitags mit allen aktiven Musikschülern und Musikschülerinnen zusammensetzen, um über die Dinge zu sprechen, die an der Musikschule passieren. Da hat es sehr hitzige Diskussionen gegeben. Letztendlich sind aber alle dabeigeblieben, denn das Ziel war zu attraktiv.

*Können Sie dieses Ziel noch einmal genauer beschreiben?*

Es ist das Ziel, hingehen zu können, gemeinsam Musik zu machen und Zugriff auf Prestigeobjekte wie E-Gitarre, Schlagzeug etc. zu haben. Vor allem zu musizieren, ohne sofort Leistungsdruck zu spüren. Überall hing irgendjemand herum und spielte. Das Motto lautete »Da sein und mitmachen«. Für die Kinder gab es die Schule, aber für die Jugendlichen war nichts da außer Fernsehen, was irgendwann langweilig ist. In der Musikschule konnte man mitmachen, zu einer Gruppe dazugehören, ohne Druck und ohne eine Prüfung bestehen zu müssen wie in den Banden.

Ich glaube, dass jeder Jugendliche zu irgendeiner sozialen Gemeinschaft dazugehören möchte. Die Musikschule war wie ein neues Zuhause und es wurde auch gar nicht ständig Musik gemacht. Aber die Musik hat sie zusammengebracht. Mir war es wichtig, diese Gruppenbildung unbedingt zu unterstützen, auch durch außermusikalische Aktionen wie beispielsweise eine Wochenendfahrt aufs Land. Wenn die Gruppendynamik gut läuft, trägt das letztlich zur Nachhaltigkeit des Projekts bei. Die Teilnehmenden bleiben dann bei der Sache, auch wenn sie gerade mal keine Lust am Musizieren haben. Wichtig sind ihnen die Leute.

*Sehen Sie einen Zusammenhang zwischen Momenten gelingender Beziehung und dem gemeinsamen Musikmachen?*

Auf jeden Fall. Beim Musikmachen muss man aufeinander hören, man schafft gemeinsam etwas, was mehr ist, als das, was der Einzelne kann. Allein das sorgt schon für eine aufmerksame Beziehung. Und was dabei herauskommt, erzeugt Gefühle, eine Ästhetik und eine Form. Das ist es wohl, was den Moment des Musikmachens so enorm bereichert, was befriedigt und dialogfördernd ist. Man kommt gar nicht heraus aus diesem gemeinsamen Fühlen und Denken.

Ich glaube, dass man Glück empfindet, wenn man Musik macht. Und wenn man glücklich ist, dann gelingen die Beziehungen eher, als wenn man gerade nicht glücklich ist. Und beim Musikmachen, gerade beim gemeinsamen Musikmachen, ist man meistens glücklicher als beim Nichtmusikmachen. Im Guasmo kam noch dazu, dass wir etwas ganz Besonderes gemacht haben. So etwas hatte es dort noch nie gegeben. Man fühlte sich bisher eher wie der letzte Dreck der Stadt und niemand kümmerte sich darum. Auf einmal machten wir hier jedoch gemeinsam Musik und sogar die Nachrichten und das Fernsehen interessierten sich plötzlich für diese Sache. Da entsteht ein tolles Gefühl!

*Können Sie uns ein Beispiel für solch einen Moment gelingender Beziehung geben, der Ihnen besonders in Erinnerung geblieben ist?*

Da gibt es viele. Was mich zum Beispiel ungemein berührt hat, war die Rückkehr von meiner dreiwöchigen Reise, als die Jugendlichen das Konzert organisiert hatten. Da habe ich richtig gemerkt, dass sie mir zeigen wollten, wie wichtig es ihnen ist, dieses Konzert auf die Beine stellen zu können. Es muss in der Zeit, in der ich weg war, unter den Ecuadorianern viele Momente gelingender Beziehung gegeben haben. Damals hatte gerade die Regenzeit begonnen und die neu gekauften Instrumente konnten nicht im Rohbau bleiben. Die Familie eines der Schüler stellte ihren Raum zur Verfügung. Man muss sich das vorstellen: Alle Instrumente in dem einen Raum, den sie haben! In dem wurde auch noch jeden Tag geprobt, teilweise zu zehnt. Die Familie hat nebenbei gekocht, genäht, mitgesungen, ferngesehen und geschlafen. Das wenige, das sie haben, haben sie selbstverständlich geteilt. Das hat mich tief beeindruckt.

*Und wie lange gibt es Ihr Projekt jetzt schon?*
Ich bin im Sommer 2005 dorthin gegangen. Also werden es 2015 zehn Jahre.

*Wie stellt sich Ihr Projekt heute dar? Was ist mittlerweile alles passiert?*
Das Projekthaus von »Mi Cometa« ist fertig gebaut. Es ist ein vierstöckiges Haus mit Dachterrasse geworden und es gibt jetzt sogar zwei Räume für unser Musikprojekt. Regelmäßig sind ungefähr 20 bis 25 Jugendliche und 20 Kinder täglich aktiv. Zurzeit sind fünf Lehrer aus Deutschland für die musikalische Ausbildung für ein paar Monate vor Ort. Inzwischen kommen auch immer wieder Freiwillige, die ein halbes Jahr oder ein ganzes Jahr dortbleiben. Das heißt, dass wir mittlerweile fast immer Lehrer vor Ort haben. Natürlich gibt es ganz viele Schüler und Schülerinnen, die schon zwei oder drei Jahre dabei waren. Einige von ihnen sind jetzt sogar am Konservatorium, was so etwas wie eine weiterführende Musikschule ist.

In den vergangenen neun Jahren haben an die 200 Schüler und Schülerinnen ein Instrument erlernt und praktizieren es jetzt für sich. Auch im Stadtteil hat sich in den letzten Jahren ziemlich viel verändert: Die Straßen sind asphaltiert, es gibt nun eine Kanalisation, eine Müllentsorgung und sogar ein Internetcafé. Viele Dinge haben sich verändert und wir sind ein Teil davon.

*Wir haben erfahren, dass die Jugendlichen aus Guayaquil inzwischen auch andere Projekte initiiert haben.*
Das ist richtig. Das Ganze ging damit los, dass sie durch ganz Ecuador mit einem Bus eine Tour organisiert und Konzerte gespielt haben, um Vorschläge für die neue Verfassung von Ecuador zu sam-

meln. Das Projekt nannten sie »Express nach Montecristi«, weil sie am Ende ihrer Tour nach Montecristi fuhren, wo die verfassunggebende Versammlung tagte. Dort haben sie die gesammelten Vorschläge eingereicht. Auf diese Weise lernten sie viele verschiedene Projekte in Ecuador kennen. Sie selbst haben ein Musikprojekt in Playas und im Golf von Guayas aufgebaut, das »Musiker ohne Grenzen« unterstützt.

*Und wo sehen Sie das Projekt in fünf Jahren?*

Erst einmal wäre es wünschenswert, wenn wir alles inhaltlich weiter so hinbekämen, wie es bisher funktioniert. Vor allem, dass wir durchhalten und keinen Burn-out bekommen. Wenn wir dann auch noch ein bisschen Geld hätten, damit es auch finanziell klappt, wäre das wunderbar. Das klingt zwar nicht sehr »romantisch«, gehört aber dazu.

Sehr schön fände ich es, wenn wir diese interkulturelle Komponente, die immer dabei ist, mehr in den Austausch bekämen. Zum Beispiel wenn ein paar Ecuadorianer einmal hierherkämen, bei uns lebten, ein paar Konzerte spielten, kleine Tourneen machten und das Projekt vorstellen könnten. Ein weiterer Wunsch wäre, dass unter allen unseren mittlerweile weltweit initiierten Projekten mehr Austausch stattfinden könnte. Dass ein Ecuadorianer beispielsweise nach Jamaika geht oder nach Steilshoop[58] kommt oder umgekehrt. Innerhalb Ecuadors passiert das ja schon.

*Es geht Ihnen also darum, den Beziehungsaspekt zu erweitern?*

Ja, vielleicht eine Art musikalische Beziehungskultur zu pflegen. Zu erfahren, wir gehören zu einem großen Komplex von ganz vielen Menschen, die Musik machen. Die einen sind hier, die anderen weit weg, aber alle gehören wir zu einem großen Netzwerk. Ich bin der Meinung, dass man sich nicht gleichzeitig bekriegen kann, wenn man zusammen Musik macht. Beim Musizieren kann man eine Ahnung davon bekommen, wie es sich anfühlt, wenn es friedlich zugeht, man eins ist mit sich und seinem Denken und Fühlen. Wenn man so einen Moment erlebt hat, weiß man vielleicht auch, wofür es sich lohnen würde, friedlich zu sein.

*Was hält »Musiker ohne Grenzen« vor allem zusammen?*

Was unser Projekt eigentlich ausmacht, ist Lebendigkeit. Es ist nicht immer alles toll und rosig. Es ist ganz viel Arbeit, es gibt Krisen und Konflikte und manches scheitert. Wir sind aber immer mit Dingen konfrontiert, die mit dem konkreten Leben zu tun haben. Man muss sich auseinandersetzen, Entscheidungen treffen, hinterfragen, eine Meinung haben. Das ist es, was bei uns »Musikern ohne Grenzen« so großartig ist, was uns bei der Stange hält. Wir fühlen uns lebendig in diesen Projekten. Wir treffen ganz viele wunderbare Menschen und es ergeben sich immer wieder diese gelingenden Momente der Begegnung durch Musik und Tanz.

## »WIR BEGINNEN SOZUSAGEN AUF DEM NIVEAU DES TOTEN MEERES«

### DAS »WEST-EASTERN DIVAN ORCHESTRA«

*Selbstverständlich kann das »West-Eastern Divan Orchestra«
keinen Frieden herbeiführen. Es kann jedoch die Voraussetzungen
dafür schaffen, dass sich dafür ein Verständnis ausbildet.*[59]

Ein herausragendes Beispiel für die Entwicklung einer besonderen
Beziehungskultur im Bereich des professionellen Musizierens ist
das »West-Eastern Divan Orchestra«. Es zeigt, dass gemeinsames
Musikmachen Momente gelingender Beziehung zwischen extrem
unterschiedlich geprägten Jugendlichen fördern kann. Wir stellen
deshalb dieses Orchester, ergänzt mit Äußerungen Daniel Barenboims und von Mitgliedern des Orchesters, als drittes »Musikprojekt« kurz vor.

*Seit mehr als 10 Jahren ist das »West-Eastern Divan Orchestra« eine
feste Größe in der internationalen Musikwelt. 1999 rief Daniel Barenboim gemeinsam mit dem palästinensischen Literaturwissenschaftler
Edward Said ein Orchester ins Leben mit dem Ziel, den Dialog zwischen
den verschiedenen Kulturen des Nahen Ostens durch die Erfahrungen
gemeinsamen Musizierens und des Zusammenlebens zu ermöglichen.
Sie benannten Orchester und Workshop nach Johann Wolfgang von
Goethes Sammlung von Gedichten »West-östlicher Divan«, einem zent-
ralen Werk für die Entwicklung des Begriffs der Weltkultur. (…)*

*Das Orchester besteht zu gleichen Teilen aus israelischen und ara-
bischen Musikern sowie einigen Spaniern. Die Musiker kommen jeden
Sommer zu Probenphasen, angereichert mit Vorträgen und Diskussionen, in Andalusien zusammen, bevor sie auf eine internationale Kon-
zerttournee gehen. In den Jahren seines Bestehens hat das Projekt immer*

*wieder belegt, dass Musik vermeintlich unüberwindbare Barrieren ab-
bauen kann. Der einzige politische Aspekt der Arbeit des »West-Eastern
Divan Orchestra« ist die Überzeugung, dass es keine militärische Lö-
sung des Nahostkonfliktes geben kann und dass die Schicksale von Israelis und Palästinensern untrennbar miteinander verbunden sind. Durch
seine schiere Existenz beweist das West-Eastern Divan Orchestra, dass
es möglich ist, Menschen zum gegenseitigen Zuhören zu bewegen.*[60]

Ausschlaggebend für die Gründung dieses Jugendorchesters ist die
Überzeugung Daniel Barenboims: *Die Kunst, Musik zu machen, besteht darin, gleichzeitig zu spielen und zuzuhören, wobei das eine vom
anderen profitiert. (...) Dieser der Musik inhärente dialogische Charakter war der Hauptgrund dafür, dass wir unser Orchester gründeten.*[61] Im
»West-Eastern Divan Orchestra« wurden Jugendliche aus dem tief
verfeindeten und traumatisierten Israel und Palästina an ein Pult
geholt. Würde der »dialogische Charakter« von Musik für gelingen-
des gemeinsames Musizieren ausreichen? Man kann sich die An-
spannung der beiden Begründer des Orchesters, Daniel Barenboim
und Edward Said, vorstellen, als diese Jugendlichen zu den ersten
Proben zusammenkamen. *Voll innerer Erregung verfolgten wir mit,
wie ein arabischer und ein israelischer Musiker Seite an Seite vor einem
Notenständer saßen und beide versuchten, dieselbe Note mit derselben
Bogenführung erklingen zu lassen, sie mit derselben Lautstärke, demselben Klang, demselben Ausdruck zu Gehör zu bringen.*[62]
    Das gemeinsame Musizieren glückt nun schon seit 15 Jahren.
Auch die Hoffnung Daniel Barenboims: *Wenn sie in der Lage sein
würden, einen musikalischen Dialog zu führen, indem sie miteinander
spielten, dann würde ihnen ein normaler Dialog mit Worten (...) wesentlich leichter fallen,*[63] scheint in vielen Fällen Wirklichkeit geworden zu sein.
    In ihrem Buch mit dem Titel *Die Kraft der Musik. Das West-Eas-
tern Divan Orchestra* versammelt Elena Cheah, ehemaliges Mitglied

des Orchesters, viele Stimmen dieser jungen Musikerinnen und Musiker. Darin zeigt sie die *verbindende Kraft der musikalischen Zusammenarbeit* auf, aber auch den *Riss, der in dieser von andauernden Kriegen, Hass und Vergeltung gebeutelten Region mitten durch die Herzen der Menschen geht.*[64] Einige wenige Eindrücke und Erfahrungen werden hier wiedergegeben.

*Durch das Divan Orchestra habe ich angefangen, den Konflikt, der unseren Umgang miteinander belastet, objektiver zu verstehen, ihn weder aus der Perspektive des Siegers noch aus der des Besiegten zu betrachten. In jedem Konflikt sind die Helden der einen die bösen Buben oder die Unterdrücker der anderen Seite,*[65] so der libanesische Cellist Nassib Al Ahmadieh.

Der israelische Oboist Meirav Kadichevski berichtet, dass viele Musiker und Musikerinnen des Orchesters eine gewisse Zeit brauchen, um sich für »die Anderen« zu öffnen: *Zuerst stellen sie fest, dass sie im Orchester neben Menschen von der »anderen Seite« sitzen können, dann, dass sie auch beim Essen zusammensitzen können, und schließlich, dass sie mit ihnen reden können. (...) Menschen, die sich dessen bewusst sind, können versuchen, mit anderen ins Gespräch zu kommen, und sie können den Dingen Zeit geben. Musiker, die seit vielen Jahren am Divan Workshop teilnehmen, kennen beispielsweise diese wichtige Erfahrung: »Ich habe kein Problem mit jemandem, weil er Syrer ist, aber ich könnte ein Problem mit ihm haben, wenn er als Mensch nicht in Ordnung ist.«*[66]

Diese Entwicklung zur gegenseitigen Anerkennung braucht Zeit und gelingt nicht immer. Gemeinsames Musizieren, Workshops und vielfältige Diskussionen ermöglichen eine Veränderung der Sichtweise mit großer Tragweite. *Wo ich herkomme,* sagt zum Beispiel die Geigerin und staatenlose Palästinenserin Yasmin, *kriegt man niemals Israelis zu Gesicht, insofern waren sie für uns Aliens, wie Außerirdische. Für uns waren es Leute, die wir nicht sehen dürfen, die nicht zu uns kommen können und die aus einem Gebiet stammen, in das wir nicht reisen dürfen. (...) Unsere Diskussionen brachten mich der Wirklichkeit näher. (...) [Sie] sind manchmal verstörend, denn das, was man zu hören bekommt, ist nicht das, was man selbst sieht, aber mich haben sie dazu gebracht, über die reale Situation nachzudenken. (...) Ich glaube, den Israelis passiert das Gleiche, auch sie kommen durch unsere Diskussionen der Wirklichkeit näher.*[67]

Oftmals werden diese Diskussionen, wie vielfach berichtet, von heftigen Differenzen bestimmt. Im Orchester wächst jedoch durch gemeinsames Gestalten und Erleben von Musik allmählich eine Beziehungskultur, die diesen Differenzen etwas entgegenstellen kann. Guy Braunstein, ehemaliger Erster Konzertmeister der Berliner Philharmoniker und langjähriger musikalischer Begleiter des »West-Eastern Divan Orchestra«, beschreibt diese »gewaltige kollektive Energie« folgendermaßen: *Im Divan Orchestra entwickeln wir aus dem Nichts eine gemeinsame Identität, wir beginnen sozusagen auf dem Niveau des Toten Meeres. Und hiermit meine ich nicht das technische Niveau, sondern die musikalische Identität. Die Berliner Philharmoniker haben bei jedem Werk ab der ersten Probe bereits eine eigene Identität, der Ausgangspunkt ist schon sehr klar umrissen. (...) Im Divan Orchestra hingegen erschaffen wir mit jedem Werk, das wir erarbeiten, eine neue Identität.*[68]

In den 15 Jahren seines Bestehens ist das »West-Eastern Divan Orchestra« zu einem herausragenden, international gefeierten Orchester geworden.[69] Eines seiner Ziele ist, in allen jenen Ländern zu konzertieren, aus denen seine Musikerinnen und Musiker kommen. Dies liegt wohl nach wie vor in weiter Ferne. Laut Guy Braunstein, *befindet sich* [das Orchester] *auf einer Reise, auf der längsten Reise, die man sich vorstellen kann, in alle Länder im Nahen Osten. Es befindet sich auf seinem Heimweg.*[70]

Dieser Heimweg ist für die jungen Musikerinnen und Musiker gesäumt und gepflastert mit Momenten gelingender Beziehung, ausgelöst durch gemeinsames Musizieren. Auch wenn persönliche Lebensängste, Leistungsdruck und Karrierestreben sicherlich eine nicht unbedeutende Rolle spielen, ist es im Kern immer wieder das Gestalten von Musik, das zu Offenheit, Verständnis und Respekt führt.

*Es scheint, dass die Welt des Klanges in der Lage ist, den Einzelnen über die ihn selbst beschränkende Beschäftigung mit seiner eigenen Existenz zu erheben – sodass er sich gleichsam von einer höheren Warte aus selbst in Beziehung zu seinen Mitmenschen sieht.*[71]

## DREI UNTERSCHIEDLICHE MUSIKPROJEKTE – EIN MODELLBEREICH FÜR MOMENTE GELINGENDER BEZIEHUNG

Wir haben soeben die Musikprojekte »20 Geigen auf St. Pauli«, »Musiker ohne Grenzen« und das »West-Eastern Divan Orchestra« vorgestellt. Drei »Musikprojekte«, die von ihrer Außenwirkung, Umsetzung und musikalischen Profession kaum unterschiedlicher sein könnten und die doch vieles verbindet. Einige der wichtigsten Verbindungen greifen wir hier auf. Zuerst sind der Mut zu nennen, solche Musikprojekte ins Leben zu rufen, sowie die ausdauernde Kraft, sie zu entwickeln und zu verstetigen. Alle drei sind zudem von der Überzeugung getragen, dass gemeinsames Musikmachen die gegenseitige Wahrnehmung und Anerkennung stärkt und formt. Dies liegt wohl darin begründet, dass in solch einem Prozess etwas gemeinsam klanglich gestaltet werden muss, was zuvor nur in der Vorstellung Einzelner existierte. Des Weiteren geht es stets um dasselbe, wenn auch auf unterschiedlichen Ebenen professionellen Anspruchs: um gestaltete und erlebte Gemeinsamkeit.

Gino Romero Ramirez: *Das gemeinsame Üben, die Vorbereitung auf die ersten Auftritte, die ganze Aufregung vor dem ersten Konzert, vor dem alle zittern. Das sind Erlebnisse, die zusammenwachsen lassen. (…) Man muss gar nicht viel reden. Es geht über das gemeinsame Tun, über das gemeinsame Musikmachen. (…) Erlebte Gemeinsamkeit, das ist es. Und Musik berührt die Seele.*

Magdalena Abrams: *Beim Musikmachen muss man aufeinander hören, man schafft gemeinsam etwas, was mehr ist, als das, was der Einzelne kann. Allein das sorgt schon für eine aufmerksame Beziehung. Und was dabei herauskommt, erzeugt Gefühle, eine Ästhetik und eine Form. Das ist es wohl, was den Moment des Musikmachens so enorm bereichert, was befriedigt und dialogfördernd ist.*

Guy Braunstein: *Im Divan Orchestra entwickeln wir aus dem Nichts eine gemeinsame Identität, wir beginnen sozusagen auf dem Niveau des Toten Meeres. Und hiermit meine ich nicht das technische Niveau, sondern die musikalische Identität.*

Der Prozess des Musizierens ist äußerst komplex. Er erfordert u. a. eine gute Balance zwischen individuellem und gemeinsamem Gestaltungswillen. Als Voraussetzungen hierfür wurden in den »Musikgesprächen« vor allem Offenheit, Zugewandtheit, Vertrauen und Respekt genannt. Dies sind sämtlich Haltungen und Einstellungen, welche gleichermaßen auch Momente gelingender Beziehung fördern. Es liegt die Schussfolgerung nahe, dass lustvolles und motiviertes gemeinsames Musizieren ein besonderer Modellbereich ist, Momente gelingender Beziehung zu erleben und zu gestalten.[72]

Wir haben uns lange mit der Frage beschäftigt, warum sich gerade durch gemeinsames Musikmachen Momente gelingender Beziehung besonders gut erleben lassen, und folgende Erklärung gefunden: Wesentlicher Faktor ist das unmittelbar stimmige Zusammenspiel von Fühlen und Denken.

Im ersten Kapitel des Buches haben wir ausgeführt, dass Fühlen und Denken immer untrennbar miteinander verwoben sind. Diese Verbindung mit ihren Konsequenzen ist uns häufig jedoch nicht bewusst, oder wir geben ihr zu wenig Bedeutung. Im Bereich des Musizierens ist das anders. Auf die Frage, ob man Fühlen und Denken beim Musikmachen trennen könne, antwortete Gino Romero Ramirez spontan: *Nein, die gehören zusammen. In der Musik ist die Energie des Gefühls sogar besonders präsent.*[73] Und Magdalena Abrams fasst zusammen: *Man kommt gar nicht heraus aus diesem gemeinsamen Fühlen und Denken.*[74] Auch Daniel Barenboim hat sich an vielen Stellen zum Zusammenwirken dieser beiden Phänomene geäußert: *In der Musik kann man nicht emotional im Ausdruck sein, wenn man nicht »verstanden« hat, auf der anderen Seite kann man sich nicht rational mit ihr auseinandersetzen, wenn man sie nicht in sich fühlt. (...) In der Musik gehen Denken und Fühlen Hand in Hand.*[75]

Durch die Kognitions- und Neurowissenschaften wissen wir heute, dass unsere Wahrnehmung und Aufmerksamkeit, unser gesamtes Verhalten und Handeln primär affektgesteuert sind. Gefühle steuern unser Denken.[76]

Und wie ist das im Bereich der Wahrnehmung von Musik? Wirken dort nicht kleinste strukturelle Veränderungen sofort auf unser Gefühl? Strukturelle Veränderungen wie z. B. ein Wechsel von kleiner zu großer Terz, ein lautstarkes Ansteigen der Melodie, eine leise absteigende Tonfolge, eine flirrende Klangreibung, ein pulsierender Rhythmus rufen Freude, Melancholie, Beklommenheit oder starke körperliche Reaktionen hervor.[77] Die Struktur der Musik – ihre »Logik« – löst unmittelbare Gefühlsreaktionen aus. Für die Zuhörenden ist es dabei gar nicht notwendig, die feinen musikalisch-strukturellen Unterscheidungen benennen zu können. Sie wirken trotzdem sofort auf unser Gefühl und damit auf unseren Körper, da sie evolutionär tief verankerte Gefühlslogiken ansprechen. Gefühlslogiken, die, kulturell überhöht, musikalisch verfeinert und zu differenziertesten musikalischen Gestalten verwoben, dennoch der ursprünglichen energetischen Kraft gehorchen. Die Logik der Musik gibt uns den Stimmungsraum vor. Mit anderen Worten: Musik ist gefühlte Struktur.

Wir haben im Abschnitt »Welchen Einfluss haben Gefühle auf unser Denken und Handeln?« ausgeführt, dass veränderte Denkhaltungen auf unsere Gefühle zurückwirken. Nachhaltig wird diese Wirkung des Denkens auf das Fühlen aber erst durch Reflexion, Wiederholung und Übung, und zwar so lange, bis das veränderte »Denk-Fühlen« zum »Fühl-Denken« wird. Musizieren ist ein bedeutender Bereich für gemeinsames Üben, Wiederholen und Reflektieren von Denk-Fühl- und Fühl-Denk-Prozessen in ihrer Wechselwirkung. Sie liegen jeder Erarbeitung eines Werkes und jeder Suche nach stimmigem musikalischen Ausdruck zugrunde. Dies scheint eine gelingende Beziehungskultur zu fördern, die über soziale und ethnische Grenzen hinweghebt.

# VIER

# WIE UNS »MOMENTE GELINGENDER BEZIEHUNG« GELINGEN

## Wege in eine neue Beziehungskultur

*Es ist an der Zeit, sich Zeit zu nehmen für mehr
Momente gelingender Beziehung.*

Die Auseinandersetzung mit Momenten gelingender Beziehung bedeutet die Beschäftigung mit einem unerschöpflichen Thema menschlichen Verhaltens. Je nach Blickwinkel und Tiefe, je nach Beziehungskonstellation und Beziehungskontext ergeben sich immer wieder andere Sichtweisen. Dies ist nicht verwunderlich, handelt es sich doch um ein Phänomen, das tief in unsere individuelle, soziale und gesellschaftliche Entwicklung hineinwirkt.

Mit der in diesem Buch unternommenen Spurensuche sind wir der Bedeutung von Momenten gelingender Beziehung nachgegangen. Wir haben mit Persönlichkeiten unterschiedlicher Lebens- und Tätigkeitsfelder gesprochen und dabei viele Gemeinsamkeiten in den persönlichen Sichtweisen und Erfahrungen zu diesem Thema entdeckt. So unterschiedlich Beziehungen im individuellen und im gesellschaftlichen Bereich sein können, so sehr gleichen sich die Bedingungen, die Momente gelingender Beziehung ermöglichen.

Aus systemischer Sicht sind diese Bedingungen ein und demselben Repertoire an Haltungen und Einstellungen zuzuordnen, nämlich dem Repertoire kooperations- und bindungsschaffenden Fühl-Denkens sowie prosozialen Verhaltens.

Was ist notwendig, um solche Momente auszulösen? Wir zeigen zunächst drei wichtige Bausteine auf, die eine gute Beziehungskultur schaffen.

## BAUSTEINE FÜR MOMENTE GELINGENDER BEZIEHUNG

### BAUSTEIN 1
### AKTIV WERDEN

Entscheidend ist das Aktivwerden, das Handeln. Wer sich klar für das Handeln entscheidet, muss sich selbst einbringen. »Ich möchte« steht hinter solch einer bewussten Entscheidung, und nicht »Der andere soll«. Im Sinne des Kybernetikers Heinz von Foerster werden Veränderungswünsche damit zum ethischen Anliegen. Moralisch wäre *jeder Satz, jede Regel, jedes Gesetz an den Anderen gerichtet*.[78] Als ethisch hingegen betrachtet von Foerster ein Verhalten, *mit dem ich mich für meine Handlungen verantwortlich mache*.[79]

Aktiv werden bedeutet im Zusammenhang mit Momenten gelingender Beziehung, wahrzunehmen, hinzuschauen und zuzuhören. Hinschauen ist jedoch etwas anderes als schauen, zuhören nicht dasselbe wie hören. In Bezug auf das Zuhören ist Musik ein ganz besonderer »Modellbereich«, wie wir das im dritten Kapitel dieses Buches dargelegt haben. Ein Zitat Daniel Barenboims soll das noch einmal verdeutlichen: *Zuhören ist Hören in Verbindung mit Denken und Konzentration. Die meisten Menschen (...) machen keinen Unterschied zwischen hören und zuhören. In der Musik ist zuhören, sich* vom ersten Klang an zu konzentrieren, sich mit vollkommener Hingabe an den Ton zu hängen und dann mit der Musik zu fliegen.[80]

Aktiv werden bedeutet auch, nicht zu warten, bis mich andere zu Momenten gelingender Beziehung einladen, sondern selbst einzuladen und damit die Beziehungskultur willentlich zu gestalten.[81]

## BAUSTEIN 2
### DENKEN UND FÜHLEN

Das Wissen um das Zusammenwirken von Fühlen und Denken hat positive Auswirkungen. Gefühle, die eine Handlung steuern, können durch das Bewusstmachen dieser Wechselwirkung besser eingeschätzt werden. Wir sind damit unseren Gefühlen nicht mehr hilflos ausgeliefert. Emotionale Umstimmung und kognitive »Neubewertung« von Situationen werden ermöglicht.

Für die Gestaltung von Momenten gelingender Beziehung ist eine Balance zwischen Fühlen und Denken, zwischen zugewandter Wahrnehmung und differenzierender Reflexion von entscheidender Bedeutung. Gesine Schwan spricht dieses Zusammenwirken von Fühlen und Denken in unserem Gespräch über Momente gelingender Beziehung an: *Dieses Geschehenlassen von Gefühlen, es dabei aber reflektieren, Dabeibleiben mit dem Kopf, aber eben auch von Gefühlen tragen lassen. [Das kann dazu führen], dass man durch Gefühle (...) ganz anders auf Probleme aufmerksam wird. Merkt, was da um einen so los ist.* Auch Wolf Dieter Grossmann ist davon überzeugt, *dass emotionale Fähigkeiten oft viel besser [erkennen], welche Verhaltensweisen für alle positiv sind.*

Gefühle zuzulassen, sie zu thematisieren wird in manchen Berufsbereichen jedoch als schwierig angesehen, wie Claudia von Braunmühl deutlich macht: *Sowohl in den Berufsbereichen der Wissenschaft, der Entwicklungszusammenarbeit, der Sozialwissenschaften und der Naturwissenschaften, soweit ich sie kenne, ist die Handwerklichkeit ganz anders strukturiert. Sie hat sehr viel mehr mit Raushalten von Emotionalität, Dethematisieren, mit Gar-nicht-erst-Rangehen an die Gefühle zu tun.*

Wie sehr wir immer noch der »Ratio«, dem Denken, den Vorrang vor der »Emotio«, dem Fühlen, geben, zeigt der Umgang mit dem Wort »irrational«. Oft werden Vorgänge oder Entscheidungen, die von erwarteten Ergebnissen abweichen oder nicht erwünscht sind, als irrational bezeichnet. Das Wort wird gern benutzt, wenn sich etwas dem denkenden Nachvollzug entzieht. Seine Botschaft lautet dann: »Das kann es gar nicht geben!« Die Gefühle lassen wir dabei völlig unberücksichtigt. Und sind mit «irrational« Gefühle gemeint, dann hat das immer eine negative Bedeutung.

Wir haben im ersten Teil des Buches ausgeführt, dass *Fühlen und Denken unmittelbar und untrennbar miteinander verbunden sind. Es gibt kein Fühlen ohne Denken, kein Denken ohne Fühlen.* Und die Gefühle begleiten das Denken nicht nur andauernd, sie leiten es auch zu einem guten Teil.[82] Vorgänge oder Entscheidungen können deshalb irrational erscheinen, weil wir uns der sie steuernden Gefühle nicht bewusst sind, sie verschieben oder verdrängen.

Einer der drei Nobelpreisträger für Wirtschaftswissenschaften 2013, Robert Shiller, beschreibt in seinen Forschungen das *irrationale Agieren von Marktakteuren.* Ihn interessiert, was Krisen auslöst.

Ein Bericht über ihn von Uwe Jean Heuser auf ZEIT ONLINE vom Oktober 2013 ist wie folgt überschrieben: *Er sah die Krise voraus, weil er die Gefühle der Menschen ernst nimmt.* Und weiter: »*Wir brauchen ein Modell darüber, wie Volkswirtschaften in Krisen geraten.« Sonst ist Ökonomie nur eine Wissenschaft für die normalen Zeiten, nicht für die, in denen es wirklich zählt. Dafür aber muss man nicht nur auf die Ratio schauen, sondern auch aufs Gefühl.*[83]

Fritz B. Simon, ein führender Vertreter der systemischen Theorie, hat bereits 1984 gesagt: *Denken ohne Fühlen ist irrational!*[84] Oder mit den Worten von Antonio Damasio: *Vernünftiges Denken [ist] ohne den Einfluss der Emotion nicht möglich.*[85] Durch diese Äußerungen wird nachvollziehbar, warum unser Denken und Handeln nicht selten eklatant hinter den Anforderungen zurückbleiben. Wissen allein reicht eben nicht aus, es muss gefühlsmäßig verankert werden.[86]

Ein Beispiel aus dem Bereich der Klimaforschung veranschaulicht dies: Der Geowissenschaftler und Filmemacher James Balog verweist mit seinem 2012 erschienenen Dokumentarfilm *Chasing Ice* in ganz besonderer Weise auf die notwendige Ergänzung des Wissens durch das Empfinden. Er hat über viele Jahre die abschmelzenden Gletscher in der Arktis gefilmt und damit eine Dokumentation geschaffen, deren Bilder den rasanten Rückgang der Gletscher unmittelbar sichtbar machen. Sein Film löst starke Gefühle aus und macht die katastrophalen Folgen in einer Weise erlebbar, wie es Worte allein nicht können.

Manches Wissen verweigert sich dem gefühlsmäßigen Nachvollzug. Schlagen wir die Zeitung auf, lesen online Nachrichten oder sehen die Zusammenfassung des Tages, werden wir regelmäßig mit Katastrophen- und Krisenmeldungen konfrontiert. Diese Meldungen können wir in ihrer Tragweite unmöglich nachfühlen, obwohl sie Auswirkungen auf unser globales Denken und Handeln haben. Ereignisse, die uns nicht unmittelbar betreffen, können wir zwar Mitdenken, es versagt aber häufig unser Mitfühlen, weil Mitfühlen Bezogenheit braucht.

## 51 % PROSOZIALE EINSTELLUNGEN UND
## HALTUNGEN ZULASSEN

Momente, in denen Beziehungen gelingen, werden von prosozialen Gefühlen getragen, beispielsweise von Zugewandtheit, Respekt oder Vertrauen. Positive Gefühle verändern den Fokus unserer Aufmerksamkeit und beeinflussen die Art und Weise unseres Denkens sowie des Umgangs miteinander. Hierzu ein Beispiel aus dem Bildungsbereich, das sich auch in anderen Berufsfeldern finden lässt:

Montagmorgen nach einem wohltuenden Wochenende. Ich (B.L.) komme konzentriert und gut gelaunt in meine Klasse und werde sofort mit der brennenden Frage eines Schülers konfrontiert: »Haben Sie die Klassenarbeit schon korrigiert?« Ich reagiere mit einem Schmunzeln, drehe mich um und schreibe wortlos ein »Guten Morgen« an die Tafel. Gelächter und eine heitere Begrüßung durch die Schüler und Schülerinnen.

Montagmorgen nach einem angespannten Wochenende. Hastig und leicht genervt eile ich in meine Klasse und nehme genau dieselbe Frage des Schülers als unverschämt und frech wahr. Ich reagiere gereizt und weise ihn barsch sowie unmissverständlich darauf hin, dass man die Lehrkraft erst einmal begrüßt, wenn sie den Raum betritt. Betroffenheit und Ärger auch auf der Seite der Schüler und Schülerinnen. Man könnte eine Stecknadel fallen hören.

Luc Ciompi weist in seinem Buch *Gefühle machen Geschichte* auf ein notwendiges überlebensförderndes Gleichgewicht zwischen Egoismus und Altruismus sowie auf die Balance zwischen Konkurrenzstreben und Zusammenarbeit hin.[87] Beispielhaft zeigt er die verheerenden Wirkungen in sozialen, politischen und wirtschaftlichen Zusammenhängen auf, wenn sich das Fließgleichgewicht zwischen diesen Kräften in Richtung Neid, Angst, Missgunst und Wut verschiebt. Daraus können unabsehbare Folgen, wie z. B. Überreaktionen und im schlimmsten Fall auch Gewaltspiralen, entstehen. *51 % bindungs- und kooperationsschaffende Leitaffekte* reichen hingegen aus, um *ein gedeihliches Gleichgewicht zu schaffen*.[88] Momente des Gelingens fördern ein »gedeihliches Gleichgewicht« und sind balanceschaffende Impulse für eine gute Beziehungskultur. Wenn uns solche Beziehungserlebnisse nachweisbar zufriedener machen und uns guttun, müssten 51 % prosozialer Einstellungen und Haltungen doch in weit mehr Beziehungssituationen zu schaffen sein!

Wie lassen sich Beziehungssituationen positiv beeinflussen? Die Lösung klingt einfach und scheint uns allen vertraut: ein kurzes Innehalten, Wahrnehmen, Zuwenden und Reflektieren der eigenen Gestimmtheit. Dies sind wohltuende Verhaltensimpulse zum Vorteil aller Beteiligten, denn wir sind *aus neurobiologischer Sicht auf soziale Resonanz und Kooperation angelegte Wesen*.[89]

Momente gelingender Beziehung ereignen sich manchmal ganz von selbst. Sie können aber auch bewusst kultiviert und geübt werden, wie das im dritten Kapitel am »Modellbereich« des gemeinsamen Musizierens angeklungen ist. Versuche, Momente gelingender Beziehung zu schaffen, verlaufen nicht immer erfolgreich und reibungslos. Verständnislosigkeit und Abwehr können sie verhindern. Folglich gehört das Eingeständnis des Scheiterns dazu. Schutz vor Enttäuschungen und Resignation bietet oft eine Prise Humor, vor allem aber die Erinnerung an bisherige positive Erfahrungen. Nicht jederzeit und in jedem Kontext sind solche Momente allerdings möglich und das Bemühen darum ist nicht immer angebracht.

Neurowissenschaftliche Studien belegen: Unser Gehirn ist sein Leben lang ein lernendes Organ und wird durch Erfahrungen und Erlebnisse verändert.[90] Wie unterschiedlich negative oder positive Erlebnisse auf unsere Hirnstruktur wirken, beschreibt der Neuropsychologe Rick Hanson mit einem eingängigen Bild: *Für negative Erfahrungen gilt das Klettprinzip – sie bleiben in unserem Gehirn haften, während für positive Erfahrungen das Teflon-Prinzip gilt – sie perlen ab.*[91] Machen wir uns positive Erlebnisse jedoch bewusst und spüren ihnen nach – es reichen hier schon etwa zehn Sekunden –, verankern auch sie sich nachhaltig in unseren Hirnstrukturen. Wir sind demnach in der Lage ein »Klettprinzip« für positive Erfahrungen zu entwickeln. *Das Gute in sich aufzunehmen ist die vorsätzliche Internalisierung positiver Erfahrungen ins implizite Gedächtnis.*[92]

Das gilt auch für Moment gelingender Beziehung. Je mehr solcher Momente glücken, desto selbstverständlicher werden sie zur wichtigen Komponente des Miteinanderumgehens. Und die Palette unserer Verhaltensweisen im Repertoire prosozialer Einstellungen und Haltungen ist fast unerschöpflich.

Aus den in diesem Buch dokumentierten Gesprächen mit Persönlichkeiten unterschiedlicher Lebens- und Tätigkeitsfelder haben wir wichtige Aspekte für Momente gelingender Beziehung zusammengetragen. Es handelt sich um eine breite Palette mannigfaltiger Einstellungen, Verhaltens- und Handlungsweisen, die von unseren jeweiligen Gesprächspartnerinnen und Gesprächspartnern als »Voraussetzungen« benannt wurden oder die wir als solche subsummieren. Sie können auch als *Fundamentalbotschaften* für die Beziehungsgestaltung bezeichnet werden.[93]

# VORAUSSETZUNGEN FÜR MOMENTE GELINGENDER BEZIEHUNG

Zur übersichtlichen Darstellung dieser Nennungen fassen wir sie in sechs Gruppen zusammen.[94] Wir erläutern einige der für uns besonders bedeutsamen Verhaltensweisen, um die jeweilige Grundtendenz sowie den Nuancenreichtum der Aspekte deutlich zu machen.

## GRUPPE 1

## OFFENHEIT

**die anderen wahrnehmen**
sich leer machen[95]
neugierig sein
Vorbehalte reflektieren
**dialogbereit sein**

**Die anderen wahrnehmen.** Eine der wichtigsten Grundvoraussetzungen, um einen Moment gelingender Beziehung zu ermöglichen, ist, andere wahrzunehmen, anzusehen und in den Blick zu nehmen. Nur wenn ich mich den Gegenüberstehenden zuwende, sie als Personen wahrnehme, habe ich die Chance für eine gelingende Beziehungsaufnahme. Mein aufmerksames Wahrnehmen und meine damit einhergehende Präsenz signalisieren: Ich möchte in Beziehung treten.

**Dialogbereit sein.** Leonard Swidler fordert, dass in einem Dialog »vier H« mitwirken sollen: *head, hands, heart and the whole.* Kopf (Denken), Hände (Körper), Herz (Gefühle) und das Ganze.[96] Ein gelungenes Schema für eine fühl-denkende und denk-fühlende Annäherung. Diese »vier H« unterscheiden den Dialog von einer Debatte. In einer Debatte kann es durchaus vorkommen, dem Gegenüber eine Veränderung seiner Einstellung abzufordern, gar aufzuzwingen, ohne sich für dessen Belange und Argumente zu öffnen. Anders ist es in einem Dialog, in dem sich die Partner zuhören und gemeinsam um einen Standpunkt ringen. Dialogbereit sein bedeutet, den anderen mit seinen Wünschen, Vorstellungen und Perspektiven wahrzunehmen und Veränderungen zuzulassen. Wichtig ist die Bereitschaft, Differenzen anzuerkennen, Unterschiede stehen zu lassen und die anderen trotzdem zu akzeptieren.

## GRUPPE 2
## ZUGEWANDTHEIT

**sich anderen gegenüber positiv einstellen**
empathisch reagieren
einladen, ermutigen und inspirieren
positive Kritikfähigkeit bemühen
**angstfreien Raum schaffen**

**Sich anderen gegenüber positiv einstellen.** Wie bereits im Baustein 3 »51 % positive Gefühle zulassen« angeklungen ist, spielt es eine entscheidende Rolle, ob ich jemandem mit positiver oder negativer Einstellung begegne. Gefühle verändern den Fokus unserer Aufmerksamkeit und beeinflussen die Art und Weise unseres Denkens sowie des Umgangs miteinander. Sich positiv gegenüber anderen einzustellen lädt zu einem Moment gelingender Beziehung ein. Abgrenzende, negative Haltung bewirkt das Gegenteil. Ob und wie weit diese positive Einstellung in der jeweiligen Beziehungskonstellation dann trägt, ist eine andere Frage.

**Angstfreien Raum schaffen.** *Angst tötet alles.* Diese Aussage von Gesine Schwan bringt auf den Punkt, was Neurowissenschaftler heute über die Wirkung von durch Angst ausgelösten Stresshormonen erforscht haben. Angst erschwert nicht nur das Lernen und Behalten, durch Angst ausgelöste Stresssituationen können langfristig die Nervenzellstrukturen unseres Gehirns schädigen.[97] Stress verhindert zudem empathische Reaktionen. Die evolutionär angelegte Verhaltensreaktion auf Angst ist entweder Angriff, Starre oder Flucht. Keine der drei ist förderlich für gelingende Beziehungen.[98]

GRUPPE 3
RESPEKT

**anerkennend und wertschätzend sein**
Achtung zeigen und partnerschaftlich miteinander umgehen
**auf Gleichwürdigkeit achten**
**auf Augenhöhe agieren**
die Integrität einer Person nicht verletzen
**authentisch sein**

**Anerkennend und wertschätzend sein.** Aspekte des anerkennenden und respektvollen Umgehens miteinander sind im Zusammenhang mit Momenten gelingender Beziehung besonders wichtig, denn unser Miteinander findet oft in einer Atmosphäre des hierarchischen Abgleichens statt. Macht- und Wettbewerbs-Fühl-Denken ist in unserer Gesellschaft vorherrschend und tief in ihr verankert. Die anscheinend unwiderstehliche Wirkkraft von Macht und Wettbewerb wird jedoch infrage gestellt, wenn einem bewusst wird, wie wichtig Kooperation ist.[99] In diesem Zusammenhang kann das Erleben partnerschaftlicher Zusammenarbeit oder eines »echten Netzwerkes«[100] hilfreich sein, die Gewichtung zugunsten kooperativer Verhaltensweisen zu verschieben – etwa zu einem wertschätzenden Dialog.

**Auf Gleichwürdigkeit achten.** Selbst dort, wo funktionale Hierarchien vorgegeben sind, etwa bei Eltern/Kinder-, Lehrer/Schüler-, Vorgesetzter/Mitarbeiter-Beziehungen, bedürfen diese ständiger Aushandlung. Dabei wird die von Jesper Juul geprägte »Gleichwürdigkeit« zum Schlüsselbegriff. Gleichwürdigkeit bedeutet nach Juul weder Ebenbürtigkeit noch Gleichheit, sondern *von gleichem Wert als Mensch [zu sein] (...) mit demselben Respekt gegenüber der persönlichen Würde und Integrität des Partners. In einer gleichwürdigen Beziehung werden die Wünsche, Anschauungen und Bedürfnisse beider Partner gleich ernst genommen und nicht mit dem Hinweis auf Geschlecht, Alter oder Behinderung abgetan oder ignoriert. Gleichwürdigkeit wird damit dem fundamentalen Bedürfnis aller Menschen gerecht, gesehen, gehört und als Individuum ernst genommen zu werden.*[101]

Für Menschen in Führungspositionen hat der Aspekt der Gleichwürdigkeit besonderes Gewicht. Eine Führungsposition verleiht – gewollt oder ungewollt – Macht über die Beziehungsqualität *und deshalb ist es umso wichtiger*, so Jesper Juul in unserem Gespräch, *diese Macht in ethisch anständiger Weise zu verwenden*.

Gerald Hüther formuliert in diesem Zusammenhang folgende Aufforderung: *Das Problem ist in den meisten Fällen, dass die Menschen, die miteinander in Beziehung treten, sich nicht auf Augenhöhe begegnen. (...) Der, der oben steht, hat mehr Kraft und Macht. Er ist derjenige, der den anderen einladen, ermutigen und inspirieren muss.*

**Auf Augenhöhe agieren.** Wie schwierig es ist, die nachvollziehbare Forderung »nach Augenhöhe« im Arbeitsalltag umzusetzen, zeigt eine Äußerung Claudia von Braunmühls: *Im Bereich der Entwicklungszusammenarbeit geht es oft in gewisser Weise um Identitä-*

ten, wenn Überordnung und Unterordnung, Überlegenheit und Unterlegenheit verhandelt werden. Wer darf wem auf die Schulter klatschen? Ein bewusstes »Klein-Machen«, um einer Begegnung Chance zum Gelingen zu geben, kann je nach Kontext zum Gelingen oder Misslingen führen.[102] Misslingen wird sie vor allem dann, wenn das Klein-Machen mit Schwäche verwechselt wird. Frau von Braunmühl zeigt in ihrem Gespräch zudem klare Grenzen für ein Bemühen um Momente gelingender Beziehung auf: *Keine Kompromissbereitschaft, kein Entgegenkommen unter Bedingungen der Verletzung von Menschenwürde und Menschenrechten.*

**Authentisch sein.** Als weitere wichtige Voraussetzung für das Gelingen von Beziehungsaufnahme wurde in den Gesprächen immer wieder Authentizität genannt. Mit diesem Begriff wird »unverstellt, klar und glaubwürdig sein« verbunden. Wir haben in der Auseinandersetzung mit der Erkenntnis des Zusammenspiels von Fühlen und Denken folgende Vorstellung von Authentischsein entwickelt:

Authentisch sind wir, wenn wir fühlen, was wir denken, authentisch sind wir, wenn wir fühlen, was wir sagen, authentisch sind wir, wenn wir fühlen, was wir tun.

Authentizität kann nicht nur positive Folgen haben, sondern auch zerstörerisch wirken. Ein negatives Beispiel ist ein Attentäter, der mit hoher Authentizität handelt. Er kann sich in völliger Übereinstimmung zwischen Fühlen und Handeln befinden, aber sein Verhalten reißt Menschen in Verzweiflung und Tod. Dieses Beispiel zeigt, wie wichtig es ist, alle genannten Verhaltensweisen immer im Kontext eines sozialverträglichen Miteinanders zu sehen. Jesper Juul hat vier Aspekte in unserem Gespräch genannt, die für ihn wichtige Voraussetzungen für Momente gelingender Beziehung sind: *Wenn die vier Elemente Gleichwürdigkeit, Authentizität, persönliche Verantwortung und Integrität in einer Beziehung sind, dann ist es eine gute Beziehung. Wenn eines oder mehrere fehlen, dann ist es eine nicht so gute Beziehung.*

**Vertrauen schenken**
Vertrauensvorschuss geben
risikobereit sein

**Vertrauen schenken.** Vertrauen zu schenken erfordert Mut und Vertrauen in sich selbst. Vor allem in Beziehungssituationen, in denen das Risiko der Enttäuschung nicht vorhersehbar ist. *Es ist eine große Stärke erforderlich, mit jemandem offen, vertrauensvoll und vorbehaltlos zu kooperieren,* vor allem dann, wenn nicht abzusehen ist, *wann die nächste Konstellation kommt, bei der Sie gegeneinander stehen.* (...) *Risikobereitschaft gehört zum Vertrauen. Risikobereitschaft zeigen Sie nur, weil Sie sich zutrauen, es zu überwinden, wenn Sie enttäuscht werden.*[103]

GRUPPE 5
HUMOR

Humor zulassen
**humorvoll sein**

**Humorvoll sein.** Humor ist eine weitere Voraussetzung für das Gedeihen von Momenten gelingender Beziehung. *Humor ist ganz wichtig.* (...) *Wenn man humorvoll auf eine Situation eingeht, ist man zugeneigt* (Gesine Schwan). In einer Situation humorvoll reagieren zu können setzt allerdings Selbstvertrauen voraus und die Fähigkeit, sich Fehler einzugestehen. Dies kann Spannungen verringern, erleichternd wirken und die Atmosphäre der Begegnung verändern. In seinem Essay *Vernunft und Humor. Vom Sieg des So-ist-es über das So-hat-es-zu-sein* beschreibt der Philosoph Odo Marquard mit Verweis auf die erzählende Kunst, was alles zum Humor gehört: *Zum Humor gehört, dass man sich (...) der Buntheit des Endlichen aussetzt. (...) Humor gibt Distanz zu der Wirklichkeit, die man selber ist.*[104]

## GRUPPE 6
## ZEIT

**sich Zeit nehmen**
entschleunigen

**Sich Zeit nehmen.** *Die wichtigste Voraussetzung dafür, dass ich mich auf den anderen einlassen kann, ist Zeit* (Jesper Juul). Zeit ist eine der wesentlichen Bedingung für Momente gelingender Beziehung. Ohne Wahrnehmen, Innehalten und Einlassen können diese Momente nicht entstehen und gedeihen. Zeit gibt uns den Rahmen und den Raum für Momente gelingender Beziehung.[105]

Häufig ist hierzu gar nicht viel »Realzeit« nötig, wie die Beispiele aus unserer Einführung in dieses Buch zeigen. Ein paar Sekunden gegenseitiger Wahrnehmung und Offenheit können genügen, einen Moment gelingender Beziehung auszulösen. Ein paar Sekunden »Realzeit« werden dann zu »gefühlter Zeit«, zu einer wohltuenden Fermate im hektischen Alltag, die als willkommener Haltepunkt empfunden wird. Warum gönnen wir uns nicht das bisschen Zeit? Frei nach Ödön von Horváth »bin ich nämlich eigentlich ganz anders, ich komm' nur so selten dazu«.[106] Warum nicht diese kurzen Haltestellen vorsehen in unserem von Beschleunigungsdynamik geprägten Leben? Es ist an der Zeit, sich Zeit zu nehmen für mehr Momente gelingender Beziehung.

Diese Auflistung der Haltungen und Einstellungen ist nicht als »To-do-Liste« für systematisches Abarbeiten gedacht! Braucht die eine Beziehungssituation Mut, Verantwortungsgefühl und Humor, sind für eine andere Gleichwürdigkeit, Wertschätzung und Vertrauen das Wichtigste. Momente gelingender Beziehung sind vergleichbar mit kleinen Inseln zugewandter Wahrnehmung, die man im großen Meer des allgemeinen Beziehungsgefüges sucht und findet. Manchmal wird so eine kleine Insel durch eine Welle verschluckt. Manchmal ergeben sich »Sandbänke« und »Untiefen« und verbinden zwei oder mehrere Inseln miteinander. Manchmal wachsen Inseln auch zu ungeahnter Größe. Eines haben alle diese Inseln gemeinsam: Sie entstehen aus dem großen Reservoir prosozialer Verhaltensweisen und Haltungen.

**Mehr Zeit und Raum für Momente gelingender Beziehung.** Die Auseinandersetzung mit dem Phänomen Beziehung geht uns alle an. Wir können gar nicht nichtbezogen sein. Es ist für unser eigenes und anderer Menschen Wohlergehen unbedingt notwendig, Momenten gelingender Beziehung mehr Raum und Zeit zu geben.

*Bestimmte Probleme dieser Welt [kann man] nur gemeinsam lösen. Dann wird man auch versuchen, diese Gemeinschaften aktiv herzustellen. Wie wollen sie das aber anders machen als über gelingende Beziehungen? Dazu müsste man andere Menschen einladen, ermutigen und inspirieren, mitzumachen, sich anzuschließen.*[107]

In seinem Buch *Selbst Denken. Eine Anleitung zum Widerstand* weist der Soziologe Harald Welzer auf ein Phänomen hin, das in diesem Zusammenhang Mut macht. *Soziale Bewegungen werden dann mächtig, wenn in jedem gesellschaftlichen Segment, in jeder Schicht, in jedem Beruf, in jeder Funktion ein paar Prozent der Beteiligten begin-*

*nen, die Dinge anders zu machen.*[108] Welzer spricht von drei bis fünf Prozent, die ausreichen, Anstoß für nachhaltige Veränderungen zu geben.[109] Danach potenzieren sich die Kräfte und können systemverändernd wirken.[110]

Eine gute Beziehungskultur zu gestalten, getragen von Momenten gelingender Beziehung, ist weder zu jeder Zeit noch in jedem persönlichen oder beruflichen Umfeld möglich. Wie wir in diesem Buch dargestellt haben, gibt es jedoch viele Gründe, sie zur treibenden Kraft unserer Begegnungen werden zu lassen. Und noch etwas. Wenn ein Moment der Beziehung gelingt: Achtung! Ansteckungsgefahr!

# DANK

Alle Persönlichkeiten in diesem Buch haben sich spontan zu einem Gespräch bereit erklärt. Wir danken Jesper Juul, Gerald Hüther, Gesine Schwan, Wolf Dieter Grossmann, Claudia von Braunmühl, Gino Romero Ramirez und Magdalena Abrams herzlich für ihr selbstverständliches Entgegenkommen und ihre große Offenheit.

Unser besonderer Dank gilt Luc Ciompi. Seine tief greifenden Erkenntnisse der Affektlogik geben dem Buch das Fundament und wesentliche Aspekte.

Rüdiger Warnke danken wir für seine unermüdliche Bestärkung und kritische Begleitung, Jan Terstiege für sein wertvolles Gegenlesen sowie Anke Böttcher für ihre freundschaftliche Ermutigung.

Bei Claus Koch vom Beltz Verlag bedanken wir uns herzlich für die fruchtbare Zusammenarbeit.

# LITERATUR

Barenboim, D. (2008): *Klang ist Leben – Die Macht der Musik*. München: Pantheon Verlag

Bauer, J. (2006): *Prinzip Menschlichkeit. Warum wir von Natur aus kooperieren*. Hamburg: Hoffmann und Campe

Bauer, J. (2006): *Warum ich fühle, was du fühlst. Intuitive Kommunikation und das Geheimnis der Spiegelneurone*. Hamburg: Hoffmann und Campe

Bierbaumer, N. & Schmidt, R. F. (2003): *Biologische Psychologie*, Berlin: Springer

Cheah, E. (2009): *Die Kraft der Musik. Das West-Eastern Divan Orchestra*. München: Edition Elke Heidenreich bei C. Bertelsmann

Ciompi, L. (1982): *Affektlogik. Über die Struktur der Psyche und ihre Entwicklung. Ein Beitrag zur Schizophrenieforschung*. Stuttgart: Klett-Cotta

Ciompi, L. (1999): *Die emotionalen Grundlagen des Denkens. Entwurf einer fraktalen Affektlogik*. Göttingen: Vandenhoeck & Ruprecht

Ciompi, L. (2005): *Grundsätzliches zu Emotion, Kognition und Evolution aus der Humanperspektive*. In: M. Wimmer & L. Ciompi, (Hrsg.). *Emotion, Kognition, Evolution. Biologische, psychologische, soziodynamische und philosophische Aspekte*. Fürth: Filander (S. 47–66)

Ciompi, L. (2002): *Gefühle, Affekte, Affektlogik. Wiener Vorlesungen*. Wien: Picus

Ciompi, L. & Endert, E. (2011): *Gefühle machen Geschichte. Die Wirkung kollektiver Emotionen – von Hitler bis Obama*. Göttingen: Vandenhoeck & Ruprecht

Ciompi, L.: *Gefühle machen Geschichte. Zum Stellenwert von Emotionen aus systemischer Sicht*. Vortrag Freiburg, 3. Oktober 2012

Damasio, A. R. (1995): *Descartes' Irrtum. Fühlen, Denken und das menschliche Gehirn*. München: List

Damasio, A. R. (1999): *Ich fühle, also bin ich. Die Entschlüsselung des Bewusstseins*. München: List

Damasio, A. R. (2006): *Der Spinoza-Effekt. Wie Gefühle unser Leben bestimmen.* Berlin: List

de Waal, F. (2011): *Das Prinzip Empathie. Was wir von der Natur für eine bessere Gesellschaft lernen können.* München: Carl Hanser

Grossmann, W. D. (o. J.): *Zehn Leitthemen für die Karl-Franzens-Universität Graz in der Wissensgesellschaft.*

Hanson, R. (2013). *Denken wie ein Buddha. Gelassenheit und innere Stärke durch Achtsamkeit.* München: Irisiana

Heidbrink, H. Lück & H. E. & Schmidtmann, H. (2009): *Psychologie sozialer Beziehungen.* Stuttgart: Kohlhammer

Juul, J. (2008): *Was Familien trägt. Werte in Erziehung und Partnerschaft.* Weinheim: Beltz

Juul, J. (2011): *Aus Erziehung wird Beziehung. Authentische Eltern – kompetente Kinder.* Freiburg im Breisgau: Herder

Juul, J. (2011): *Grenzen, Nähe, Respekt. Auf dem Weg zur kompetenten Eltern-Kind-Beziehung.* Hamburg: Rowohlt

Juul, J. (2013): *Aggression.* Frankfurt am Main: Fischer

Hüther, G. (2011): *Was wir sind und was wir sein könnten. Ein neurobiologischer Mutmacher.* Frankfurt am Main: Fischer

Hüther, G.: *Was für Krisen braucht und wie viel Krise verträgt der Mensch? Neurobiologie der Krisenentstehung und Krisenbewältigung.* In: Anna Dollinger & Björn Müller-Kalthoff & Dr. Gunther Schmidt (Hrsg.) (2010). *Gut beraten in der Krise: Konzepte und Werkzeuge für ganz alltägliche Ausnahmesituationen,* Bonn: managerSeminare, S. 13–20

Klein, S. (2013): *Zeit. Der Stoff, aus dem das Leben ist. Eine Gebrauchsanleitung,* Frankfurt am Main: Fischer

Lanier, J. (2013): *Who owns the Future?* New York: Simon & Schuster

Leistert, O. & Röhle, T. (Hrsg) (2011): *Generation Facebook. Über das Leben im Social Net.* Bielefeld: Transkript

Margulis, L. (1999): *Die andere Evolution.* Heidelberg: Spektrum Akademischer Verlag

Marquard, O. (2013): *Endlichkeitsphilosophisches. Über das Altern.* Stuttgart: Reclam

Mhenni, L. B. (2011): *Vernetzt Euch!* Berlin: Ullstein

Panksepp, J. (1998): *Affective neuroscience: The foundations of human and animal emotions.* New York: Oxford University Press

Rizzolatti, G. & Sinigaglia, C. (2008): *Empathie und Spiegelneurone. Die biologische Basis des Mitgefühls.* Frankfurt am Main: Suhrkamp

Roth, G. (2001): *Fühlen, Denken, Handeln. Wie das Gehirn unser Verhalten steuert.* Frankfurt am Main: Suhrkamp

Radermacher, F. J. & Beyers, B. (2007): *Welt mit Zukunft. Überleben im 21. Jahrhundert.* Hamburg: Murmann

Sandel, M. J. (2012): *Was man für Geld nicht kaufen kann. Die moralischen Grenzen des Marktes.* Berlin: Ullstein

Schwan, G. (2011): *Bildung: Ware oder öffentliches Gut?* Berlin: vorwärts

Schwan, G. & Gaschke, S. (2007): *Allein ist nicht genug. Für eine neue Kultur der Gemeinsamkeit.* Freiburg im Breisgau: Herder

Simon, F. B. (1984): Der Prozess der Individuation: Über den Zusammenhang von Vernunft und Gefühlen. Göttingen: Vandenhoeck & Ruprecht

Singer, W. (2002): *Der Beobachter im Gehirn. Essays zur Hirnforschung*, Frankfurt am Main: Suhrkamp

von Braunmühl, C. (2010): *Demokratie, gleichberechtigte Bürgerschaft und Partizipation. In: I. Seidl & A. Zahrnt (Hrsg.): Postwachstumsgesellschaft. Konzepte für die Zukunft.* Marburg: Metropolis

von Foerster, H. & Bröcker, M. (2007): *Teil der Welt. Fraktale einer Ethik – oder Heinz von Foersters Tanz mit der Welt.* Heidelberg: Carl-Auer

Welzer, H. (2013): *Selbst denken. Eine Anleitung zum Widerstand.* Frankfurt am Main: Fischer

Wimmer, M. (2007): *Emotionale Gesundheit.* Bioskop 3

Wimmer, M. (2005): *Biologische und soziokulturelle Aspekte der Emotions- und Kognitionsdynamik. In: M. Wimmer & L. Ciompi (Hrsg.), Emotion, Kognition, Evolution. Biologische, psychologische, soziodynamische und philosophische Aspekte.* Fürth: Filander (S. 9–46)

Wimmer, W.: *Evolutionary Roots of Emotions*, in: Evolution und Cognition 1, S. 38–50

# WEBADRESSEN

Grossmann, Wolf Dieter: *Dieser Planet zwingt uns zum Lernen. Ein Interview mit dem Systemforscher Prof. Dr. Wolf Dieter Grossmann über Wachstum, Wettbewerb und Entwicklungschancen in einer vernetzten und zunehmend komplexen Welt.*
projekte.erfolgsschmieden.de/Interview_mit_Wolf_Grossmann.pdf
(Stand 2.12. 2014)

Radermacher, Franz Josef (2010): *Was kann jeder Einzelne tun? 30 Anregungen.*
exchange.plant-for-the-planet.org/global_marshall_plan/30_anregungen.pdf
(Stand 2.12. 2014)

»Musiker ohne Grenzen«
musikerohnegrenzen.de

staatsoper-berlin.de
(Stand 2.12.2014)

# FILME

Alexandra Gramatke, Barbara Metzlaff (2011): *20 Geigen auf St. Pauli.* Deutschland: Thede Filmproduktion

# ANMERKUNGEN

1 In der Fachliteratur wird zwischen den Begriffen »Begegnung« und »Beziehung« und deren unterschiedlichen Formen und Ausprägungen unterschieden. Dies ist für die vorliegende Auseinandersetzung mit »Momenten gelingender Beziehung« nicht maßgeblich. Außerdem fallen die Definitionen je nach Forschungsrichtung unterschiedlich aus.

2 Luc Ciompi/Elke Endert: *Gefühle machen Geschichte*, Göttingen 2011, S. 224

3 In Beziehungen stehen wir nicht nur zu Menschen, auch zu unserer Umwelt, zur Natur, ganz allgemein zu allen uns umgebenden Wesen und Dingen.

4 Spiegel Online, 19.12. 2011

5 Originalzitat: »Emotionen ohne Kognitionen sind blind und Kognitionen ohne Emotionen leer.« Manfred Wimmer in: Manfred Wimmer/ Luc Ciompi (Hrsg.): *Emotion, Kognition, Evolution. Biologische, psychologische, soziodynamische und philosophische Aspekte*, Fürth 2005, S. 15

6 siehe Ciompi: Luc Ciompi: *Affektlogik. Über die Struktur der Psyche und ihre Entwicklung. Ein Beitrag zur Schizophrenieforschung*, Stuttgart 1982; *Die emotionalen Grundlagen des Denkens. Entwurf einer fraktalen Affektlogik*, Göttingen 1999; *Gefühle, Affekte, Affektlogik*, Wiener Vorlesungen, Wien 2002; Luc Ciompi/Elke Endert: Göttingen 2011

7 Vgl.: Wolf Singer: *Der Beobachter im Gehirn. Essays zur Hirnforschung*, Frankfurt 2002; Gerhard Roth: *Fühlen, Denken, Handeln. Wie das Gehirn unser Verhalten steuert*, Frankfurt 2001; Nils Bierbaumer/Robert F. Schmidt: *Biologische Psychologie*, Berlin 2010

8 *Gefühle bestimmen nicht nur politische Entscheidungen. Wichtiger ist: Sie beeinflussen, welche Themen überhaupt erst auf die Agenda kommen. (...) Welche Gefühle die politische Debatte prägen, ist von Land zu Land sehr unterschiedlich*, Ralph Bollmann in: FAZ, 30. März 2014, Nr. 13

9    Vgl.: u. a.: Gerhard Roth, 2001; Antonio R. Damasio: *Der Spinoza-Effekt. Wie Gefühle unser Leben bestimmen*, Berlin 2006; Jaak Panksepp: *Affective neuroscience: The foundations of human and animal emotions*, New York 1998

10   Im Weiteren werden die Begriffe Fühlen, Gefühl, Emotion, Stimmung sowie Denken und Kognition synonym gebraucht, wohl wissend, dass in der Emotions- und Kognitionsforschung zum Teil Unterscheidungen zwischen diesen Begriffen gemacht werden. Diese Unterscheidungen haben für die Ausführungen in diesem Buch jedoch keine weiterführende Bedeutung.

11   Zur Fraktalität von Gefühlen vgl.: Luc Ciompi 1999, S. 129ff., sowie 2007, S. 34ff. und 2011, S. 32ff.

12   Antonio R. Damasio: *Descartes' Irrtum. Fühlen, Denken und das menschliche Gehirn*, München 1995

13   Komplexe, allgegenwärtige Fühl-Denk-Wechselwirkungen bestimmen unser Handeln ständig. Luc Ciompi hat für sie die treffende Bezeichnung *Affektlogik* gefunden. Treffend deshalb, weil diese Bezeichnung so prägnant jegliche Trennung von Fühlen und Denken vermeidet. Fühlen und Denken gehen immer zusammen, sind aber längst nicht immer stimmig. Wir sind Meister im Erfinden von Geschichten, um sie stimmig zu machen. Diese Geschichten nennen wir dann »Wirklichkeit«.

14   Ciompi, 2002, S. 22

15   Ciompi, 2007, S. 22

16   Ciompi, 2011, S. 27

17   Vgl.: Ciompi, 1999, 2011

18   Ciompi, 1999, S. 104

19   Manfred Wimmer: *Emotionale Gesundheit*, Bioskop 3, 2007

20   Luc Ciompi: *Gefühle machen Geschichte. Zum Stellenwert von Emotionen aus systemischer Sicht*. Vortrag Freiburg, 3. Oktober 2012

21   Vgl.: Ciompi, 2011, S. 20ff., 1999, S. 68

22   Damasio, 1995, S. 213

23   Giacomo Rizzolatti/Corrado Sinigaglia: *Empathie und Spiegelneurone. Die biologische Basis des Mitgefühls*, Frankfurt am Main 2008

24   Wimmer, 2007, S. 9

25   Es ist an dieser Stelle nicht möglich, auf die vielfältigen positiven und

negativen Folgen elektronischer Nutzungsmöglichkeiten einzugehen. Vgl. dazu u. a. Jaron Lanier: *Who owns the Future?* New York 2013; Lina Ben Mhenni/Patricia Klobusiczky: *Vernetzt Euch!* Berlin 2011; Oliver Leistert, Theo Röhle (Hrsg): *Generation Facebook. Über das Leben im Social Net*, Bielefeld 2011; sowie Veröffentlichungen von Leonard Reinecke

26  FAZ im Februar 2013

27  Vgl.: Harald Welzer: *Selbst Denken. Eine Anleitung zum Widerstand*, Frankfurt am Main 2013

28  Gerald Hüther: *Was für Krisen braucht und wie viel Krise verträgt der Mensch? Neurobiologie der Krisenentstehung und Krisenbewältigung*, in: Anna Dollinger, Björn Müller-Kalthoff, Gunther Schmidt (Hrsg): *Gut beraten in der Krise: Konzepte und Werkzeuge für ganz alltägliche Ausnahmesituationen*, Bonn 2010, S. 13–20

29  Nathalie Knapp im Gespräch mit Rebecca Casati, in: Süddeutsche Zeitung, 2./3. Februar 2013 Nr. 28

30  Andreas Huber (Geschäftsführer Club of Rome Deutschland) zitiert Jorgen Randers: *2052. Der neue Bericht an den Club of Rome. Ein globale Prognose für die nächsten 40 Jahre*, München 2012, Vortrag in Hamburg-Sasel am 25.1.2013

31  Harald Welzer, 2013, S. 47

32  Ders.: 2013, S. 53

33  Michael J. Sandel: *Was man für Geld nicht kaufen kann: Die moralischen Grenzen des Marktes*, Berlin 2012, S. 250

34  Grossmann, Gespräch S. 84/81

35  Hüther, Gespräch S. 60

36  Frans de Waal: *Das Prinzip Empathie. Was wir von der Natur für eine bessere Gesellschaft lernen können*, München 2011

37  Vgl.: Rizzolatti/Sinigaglia, 2008

38  Joachim Bauer: *Warum ich fühle, was du fühlst. Intuitive Kommunikation und das Geheimnis der Spiegelneuronen*, Hamburg 2006

39  Ausnahme vermutlich Asperger-Syndrom

40  Werden die Chancen, Beziehungen aufzunehmen, nach der Geburt und in den ersten Lebensjahren verpasst, kann das die Entwicklung und Funktionstüchtigkeit des neuronalen Spiegelsystems beeinträchtigen, mit der Folge von erheblichen Defiziten bei der Ausbildung ei-

nes intakten Selbstgefühls, bei der Fähigkeit, Beziehungen einzugehen, und beim Erwerb von Kompetenzen. Vgl.: Joachim Bauer, 2006,
S. 118/119

41  Vgl. dazu u. a.: Lynn Margulis: *Die andere Evolution*, Heidelberg 1999;
Manfred Wimmer: *Evolutionary Roots of Emotions*, in: *Evolution und
Cognition 1*, 1995, S. 38–50

42  Joachim Bauer: *Prinzip Menschlichkeit. Warum wir von Natur aus kooperieren*, Hamburg 2006, S. 21, S. 34

43  Jesper Juul: *Was Familien trägt. Werte in Erziehung und Partnerschaft*,
Weinheim 2008, S. 24

44  Gerald Hüther: *Was wir sind und was wir sein könnten. Ein neurobiologischer Mutmacher*, Frankfurt am Main 2011, S. 44, S. 127

45  Gesine Schwan: *Bildung: Ware oder öffentliches Gut?* Berlin 2011, S. 32,
Homepage www.gesine-schwan.de

46  Wolf Dieter Grossmann: Dieser Planet zwingt uns zum Lernen. Ein
Interview mit dem Systemforscher Prof. Dr. Wolf Dieter Grossmann
über Wachstum, Wettbewerb und Entwicklungschancen in einer vernetzten und zunehmend komplexen Welt. projekte.erfolgsschmie-
den.de/Interview_mit_Wolf_Grossmann.pdf. Wolf Dieter Grossmann:
*Zehn Leitthemen für die Karl-Franzens-Universität in der Wissensgesell-
schaft*, Graz, o. J., S. 30

47  Claudia von Braunmühl: *Demokratie, gleichberechtigte Bürgerschaft
und Partizipation*, in: Irmi Seidl, Angelika Zahrnt (Hrsg): *Postwachstumsgesellschaft. Konzepte für die Zukunft*, Marburg 2010, S. 196

48  Umgangsform für Expatriates: Mitarbeiter und Mitarbeiterinnen, die
an eine ausländische Zweigstelle entsandt wurden.

49  Magdalena Abrams, S. 142/143

50  Vgl.: Seite 50

51  Daniel Barenboim: *Klang ist Leben. Die Macht der Musik*, München
2008, S. 80, S. 26, S. 69, S. 22

52  Gino Romero Ramirez im Gespräch mit Annette Garbrecht, in: Stutt-
garter Zeitung, 10.02.2006

53  *20 Geigen auf St. Pauli. Wie es einem Musiker gelingt, Kinder für das Gei-
genspielen zu begeistern*: Ein Film von Alexandra Gramatke und Barbara Metzlaff, Deutschland 2012, Thede Filmproduktion

54    Website »Musiker ohne Grenzen e. V.«: *Spielend Perspektiven schaffen. Mit Musik*. Aus der Rubrik: *Über uns*

55    Klavierstück von Ludwig van Beethoven

56    Prof. Ulrich Rademacher war zu jenem Zeitpunkt u. a. Präsidiumsmitglied des Fachausschusses »Europa und Internationales« des Deutschen Kulturrates.

57    Der junge Hamburger Komponist Benjamin Scheuer schrieb 2010 ein Orchesterstück eigens für die Instrumentalbesetzung der damaligen Musikschüler und Musikschülerinnen in Ecuador.

58    Steilshoop ist ein Stadtteil im Nordosten Hamburgs mit sozialen Problemen. *Musiker ohne Grenzen* hat dort 2012 ein Musikprojekt ins Leben gerufen.

59    Barenboim, 2008, S. 80

60    Ausschnitt aus dem offiziellen Text zum »West-Eastern Divan Orchestra« der Staatsoper Berlin (Stand 2.12.2014)

61    Barenboim, 2008 S. 72

62    Ders.: S. 73

63    Ders.: S. 73

64    Elena Cheah: *Die Kraft der Musik. Das West-Eastern Divan Orchestra*, München 2009, Klappentext

65    Dies.: S. 130

66    Dies.: S. 216/217

67    Dies.: S. 308, S. 312

68    Dies.: S. 286/287

69    Mit der Gründung der Barenboim-Said-Akademie 2016 in Berlin wird dieser konsequente Weg der musikalisch menschlichen Annäherung zwischen Jugendlichen aus Israel und unterschiedlichen Ländern des Nahen Osten fortgesetzt. *Ein Musiker muss sich beschäftigen mit Literatur, mit Geschichte, mit Philosophie, (...) um zu lernen, wie man mit Tönen denkt.* Dieses Angebot an geistiger Bildung nennt Daniel Barenboim *Das Denkende Ohr.* Daniel Barenboim im Gespräch mit Stephan Karkowsky, Deutschlandradio Kultur vom 2.6.2014

70    Cheah, 2009, S. 331

71    Barenboim, 2008, S. 118

72    Gemeinsames Musizieren kann diese »Bedingungen der Möglichkeit« schaffen, wenn in dem Prozess positive Gefühle überwiegen. Konkur-

renzstreben, Definitionsmacht, Leistungsdruck, Versagensangst wirken kontraproduktiv.

73  Gino Romero Ramirez, Gespräch S. 116

74  Magdalena Abrams, Gespräch S. 143

75  Barenboim, S. 22, S. 52

76  Vgl.: Ausführungen auf S. 20 ff.

77  In unserer mitteleuropäischen Musiktradition sind wir auf derartige Reaktionen sozialisiert.

78  Heinz von Foerster, in: Heinz von Foerster/Monika Bröcker: *Teil der Welt. Fraktale einer Ethik – oder Heinz von Foersters Tanz mit der Welt*, Heidelberg 2007, S. XIX.

79  Ders.: S. 49

80  Interview mit Daniel Barenboim, in: Süddeutsche Zeitung, 12./13. April 2014, Nr. 86

81  Vgl.: Gespräch mit Gerald Hüther S. 57 f., S. 61

82  Vgl.: Einleitung S. 18, S. 20

83  Uwe Jean Heuser, in: ZEIT ONLINE, 17.10.2013

84  Fritz B. Simon: *Der Prozess der Individuation: Über den Zusammenhang von Vernunft und Gefühlen*, Göttingen 1984, S. 79

85  Damasio, 1999, S. 57

86  Eine Erklärung für die von Welzer geäußerte Feststellung: *Menschen [können] zwischen ihr Wissen und ihr Handeln Abgründe von der Dimension des Marianengrabens legen und haben nicht das geringste Problem damit, die eklatantesten Widersprüche mühelos zu integrieren und im Alltag zu leben*, ist, wenn Wissen nicht gefühlt und erlebt wird. (Welzer S. 30)

87  Ciompi, 2011, S. 214ff.

88  Ciompi, 2011, S. 215

89  Vgl.: Joachim Bauer, S. 31

90  zur erfahrungsabhängigen oder selbstgesteuerten Neuroplastizität vgl. Nils Bierbaumer, Jeffrey M. Schwartz et al.

91  Rick Hanson: *Denken wie ein Buddha. Gelassenheit und innere Stärke durch Achtsamkeit*, München, 2013, S. 47. Über die Evolution des Gehirns und des damit verbundenen Teflon-Klett-Prinzips schreibt Hanson: *Um zu überleben und die eigenen Gene weitergeben zu können, mussten unsere Vorfahren vor vielfältigen Gefahren und zwischen-*

*menschlichen Konflikten auf der Hut sein. Folglich hat unser Gehirn eine negative Verzerrung entwickelt, die nach schlechten Nachrichten Ausschau hält, intensiv auf sie reagiert und diese Erfahrung rasch in der neuronalen Struktur verankert.* S. 50

92 Ders.: S. 98

93 Unter Fundamentalbotschaft versteht Luc Ciompi die *grundlegenden gegenseitigen emotionalen Einstellungen und die darauf gegründeten Verhaltensweisen im Sinne einer emotionalen Grundatmosphäre.* Vgl.: Ciompi, 1982, S. 217 und 1999, S. 299/300 sowie 2011, S. 236.

94 Überschneidungen sind dabei unvermeidlich, denn Einstellungen und Haltungen lassen sich nicht trennscharf zuordnen. Außerdem ist eine gewisse Willkür bei solch einer Sammlung immer gegeben. Sie erleichtert den Überblick.

95 Nach Jesper Juul bedeutet »sich leer machen«: (...) *dich von deinen Vorurteilen, Meinungen, Haltungen und Zielen (...) frei zu machen und folglich dich – deine Sinne, deinen Intellekt, deine Lebenserfahrung, deine Empathie und dein Mitgefühl (...) zugänglich zu machen.* Jesper Juul: *Aggression*, Frankfurt am Main 2013, S. 139

96 Leonard J. Swidler, Professor für interreligiösen Dialog an der Temple University in Philadelphia und weltbekannter Dialogforscher. Gespräch mit Leonard Swidler zum Stellenwert des Dialogs im interreligiösen Austausch, Deutschlandfunk 9.11.2012. Zudem vgl.: Len Swidlers Blog. *Deep-dialog / critical thining / competitive cooperation*, 25.2.2013

97 Bauer, *Prinzip Menschlichkeit*, S. 67

98 *Eine angstauslösende Bedrohung führt im Gehirn zur Mobilisierung sogenannter archaischer Notfallreaktionen (...) Vernünftig denken kann man unter diesen Bedingungen nicht mehr, auch nicht sich in andere Menschen hineinversetzen, Handlungen planen oder die Folgen einer Handlung abschätzen,* in: Gerald Hüther, 2010, S. 15/16

99 *Das Überleben der Menschheit basierte schon immer auf einem »Deal« mit der Umwelt und auf der Sicherung der Kooperation unter den Menschen. Konkurrenz ist zwar wichtig, aber Kooperation ist ungleich wichtiger,* in: Franz Radermacher: *Welt mit Zukunft. Überleben im 21. Jahrhundert*, Hamburg 2007, S. 155

100 *Ein echtes Netzwerk entsteht erst, wenn das Können des anderen mein ei-*

gens Können nicht nur ergänzt, sondern sein Können meine eigene Arbeit grundlegend transformiert. ... Hans-Christian Blunk im Wirtschaftsmagazin brand eins, 3/03; Vgl.: CCN, Gespräch mit Wolf Grossmann, S. 91 f.

101 Juul, 2008, S. 24/25

102 Vgl.: Gespräch mit Claudia von Braunmühl, S. 104/105

103 Gesine Schwan, S. 74/75

104 Odo Marquart: *Endlichkeitsphilosophisches. Über das Altern*, Stuttgart 2013, S. 63

105 Für eine neue Kultur des Umgehens mit Zeit, siehe Stefan Klein: *Zeit. Der Stoff aus dem das Leben ist. Eine Gebrauchsanleitung*, Frankfurt am Main, 2013, 5. Auflage

106 Ödön von Horváth in seinem Theaterstück »Zur schönen Aussicht«, Graz 1926

107 Gerald Hüther, S. 62

108 Harald Welzer, 2013, S. 285

109 Im Umkehrschluss bedeutet dies auch, dass 3 % durch Neid und Hass geprägten Umgehens miteinander ausreichen, um zerstörerische Wirkung zu entfalten. Beispiele dafür gibt es leider genügend.

110 Vgl.: Grossmann, Ausführungen zum Kreuzkatalytischen Netzwerk, CCN, S.91 ff.

# Empathie – die Intelligenz des Herzens

**Die Stärkung des Mitgefühls als Voraussetzung für eine friedliche Welt – ein großes Plädoyer für das, was unsere Welt zusammenhält.**

Dafür müssen Kinder – und Erwachsene! – wieder den Kontakt zu sich selbst finden, zu ihrem Körper, ihrem Herzen und zu dem Bild, das sie sich von sich selbst machen. Für dieses Buch haben sich Europas berühmtester Familientherapeut Jesper Juul und der Bestsellerautor Peter Høeg mit vier weiteren Kinderexperten zusammengetan, um sich zu einer starken Stimme zu vereinen. Im Anhang finden sich praktische Übungen, die die Empathie von Kindern stärken und ihre Entwicklung in Familie und Schule positiv beeinflussen werden.

*»Es ist eine Art Manifest, das das Gefühl für andere, die Empathie, in den Vordergrund rückt: eine Fähigkeit, die in unserer vom Egoismus geprägten Gesellschaft vernachlässigt wird.«*
Hannoversche Allgemeine Zeitung

Jesper Juul/Peter Høeg/
Jes Bertelsen/Steen Hildebrandt/Helle Jensen
*Miteinander – Wie Empathie Kinder stark macht*
Aus dem Schwedischen von Kerstin Schöps
gebunden, 159 Seiten
ISBN 978-3-407-85942-6